紙屋高雪

不快な表現をやめさせたい!?

こわれゆく「思想の自由市場」

かもがわ出版

はじめに

表現をめぐる2つの事件

２０１９年8月、国際芸術祭「あいちトリエンナーレ２０１９」（以後「あいトリ」と略します）での企画展「表現の不自由展・その後」が中止される事件が起こりました。日本軍「慰安婦」をイメージさせる「平和の少女像」などの特定の表現がそこには展示されていたのですが、それらを批判する人たちによって大量の抗議が送りつけられるとともに、業務を妨害するような長時間の電話やガソリンをまくなどとする脅迫までが現れたのです。さらに、国が「あいトリ」への補助金を出さないという決定までしました。「表現の不自由展・その後」という企画には、日本の各地で展示を断られる、つまり表現として公の前に示される機会を失った表現が展示されていました。逆に言えば、「あいトリ」の事件が起きる前からこのような事件はたくさん起きていたのです。

他方で、その2カ月後の２０１９年10月に、『宇崎ちゃんは遊びたい！』というマンガのキャラクターを使った献血ポスターがインターネット上で女性蔑視的であるとして「炎上」する事件が起こりました。これについても、これまでにポスターなどに使われている女性キャラクターが女性蔑視・差別的であるとして「炎上」する事件はたくさん起きています。

いわば、「あいトリ」事件も、「宇崎ちゃん」問題も、たまたま起きた問題ではなく、それまで無数にあった事象の典型例だと言えるのです。この2つの事件を考えることで、日本の社会で表現をめぐって起きている問題を見ていくことができます。

そして、この2つを同時に取り上げることが大切なのです。

なぜかと言えば、率直に言って、「平和の少女像」という表現を守りたい人たちの中には、「あいトリ」問題で「表現の自由を守れ」と主張はするのですが、「宇崎ちゃん」問題になると「ああいう女性蔑視のポスターは撤去しろ」と、実にカジュアルに表現を「消す」ことを求めてしまう人がいるからです。反対に、「宇崎ちゃん」ポスターは何の問題もないと主張する人の中には、「平和の少女像」のような表現は「政治プロパガンダ」であり、保護に値しないから「あいトリ」のことは問題視していない人が少なからず見受けられます。

つまり、自分の好きな表現には熱心だけど、自分が不快な表現には冷淡なのです。

いや、それは当たり前のことかもしれません。ぼくだってそうです。

また、「この問題を取り上げていないからけしからん」という非難はよく考えればおかしな話で、世界には無数に問題が存在するわけですから、自分は何かの問題を取り上げていないこと自体を批判されるいわれはありませんよね。

しかし、単に熱心だとか冷淡だとかいうレベルではなくて、自分にとって不快な表現を撤去させたり、規制したりし始めるようになると話が変わってきます。もういけません。

そうした場合、「不快だから目に入らないようにせよ」という主張をする場合もあるでしょうけど、そんなにストレートに言わなくても、「女性の人権を侵すから撤去せよ」とか「税金を使ってまで展示する必要はない」などのもっともらしい口実が付いてくることがほとんどだと思います。

本書の構成

本書では、自分にとって「不快な表現」にどう向き合えばいいのかを考え、その際に、「もっともらしい口実」を検証していきます。また、問題が複雑に入り組んでいる場合があるので、それを解きほぐしていきます。ブログなどで書いたものを核にしてそれを大幅に添削しています。

第1章では「あいトリ」事件で何が問題になったのかをわかりやすく解剖した上で、「展示はどこかで自由にやったらいいけど、税金を使うな」という議論を考えます。**第2章**は「あいトリ」の作品に実際に触れてみたレポートです。「これが芸術?」と思えるものや「政治的」な作品がたくさんありました。芸術作品は実際に触れてみないとわからないってことです。**第3章**は「あいトリ」事件と同じように行政は「中立」でなければならないとして市民団体の後援などを拒否したりする事件を考え、「行政の中立」とはどうあるべきなのかを考えます。

第4章は、「宇崎ちゃん」ポスター問題です。双方の意見をわかりやすく仕分けます。いわば問題を大ざっぱにつかみます。大ざっぱにつかんだ上で、その中にあるやや細かい論点を第5章・第6章で掘り下げていきます。

第5章は、女性を性的な対象として見ること、性的なモノとして扱うこと、性的な存在としてのみ考えることはどこが問題なのかを見ていきます。

第6章は、表現に対してポリティカル・コレクトネス（政治的な正しさ）から批判を加えることをどう考えるべきか論じています。

そして、**終章**はまとめです。結局ぼくたちは自分にとって「不快な表現」にどう向きあえばいいのかを提言します。

なぜぼくがこの本を書くのか

本書は表現の自由と呼ばれる領域を扱うもので、このジャンルは学者や弁護士など専門家もたくさんいます。長い蓄積もあります。

ぼくは専門家でもありませんし、そうした蓄積を学んだわけでもありません。いわば「ど素人」です。そのような「ど素人」がこの分野で何かモノを書くというのは無謀にもほどがあると言われても仕方がないでしょう。

しかし、ぼくは「平和の少女像」という表現を尊重したいという気持ちのある左派であると同時に、性的表現についても擁護したいと思っているオタクであるという両方の立場を持っています。いわば両方の気持ちになれるのです。

その上で、本書は表現の自由について教科書風に書いたものではなく、今起きているヴィヴィッドな事件について、専門家であればこだわってしまう点をすっ飛ばして、問題を最小限に絞り込んでわかりやすく論じようと試みています。あえて「ど素人」のぼくが本書を書く意義を述べるのなら、このような点ではないでしょうか（もちろん「ど素人」でも書いたものには責任を持ちます）。

本書を読み終えた時、自分にとって「不快な表現」を消し去ろうとする衝動がいくらかでもやわらぎ、建設的な行動に向かうようになれば、目的を達したことになるでしょう。

＊　＊　＊

本書を執筆するにあたり、書籍化のきっかけをつくっていただいた、かもがわ出版の松竹伸幸さん、ぼくの筆の遅いのを根気強く待っていただきつつ、刺激的な論点をときどきに提示いただいた同社の伊藤知代さん、インタビューに快く応えてくださった志田陽子さん、そのほか、出版から印刷、販売にまで関わってご尽力いただいたすべての皆さんに深く感謝いたします。

なお、この本はぼく個人の見解であって、ぼくの所属する団体や職場を代表するものではありません。

不快な表現をやめさせたい!?

こわれゆく「思想の自由市場」

目次

ブックデザイン　大津千秋
本文ＤＴＰ　　ＣＯ２デザイン

1

「あいちトリエンナーレ」事件の何が問題なのか

図1

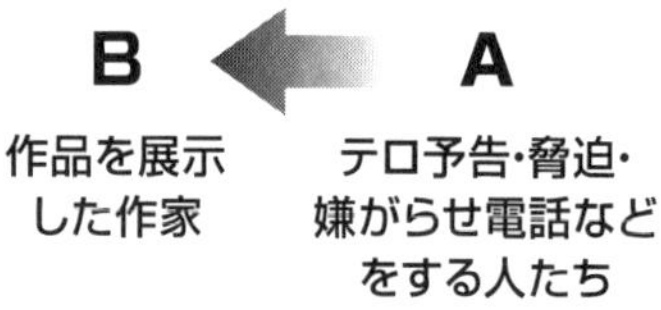

図2

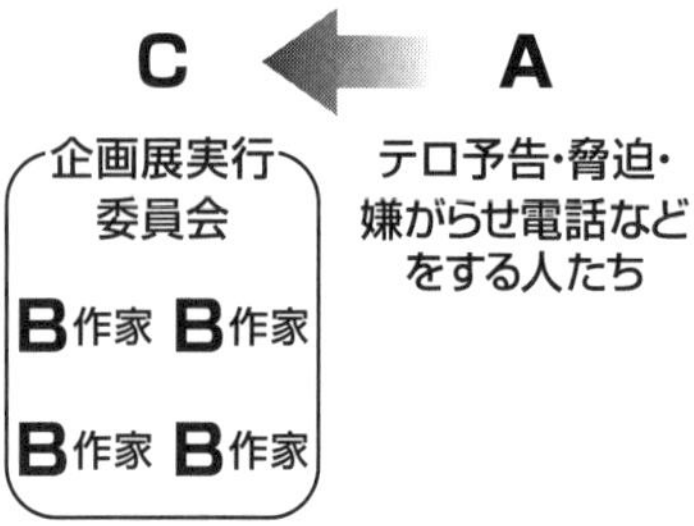

「あいトリ」での企画展「表現の不自由展・その後」には、日本軍「慰安婦」像などをモチーフにしたと言われる「平和の少女像」や、昭和天皇の肖像が燃える瞬間が写っている「遠近を抱えてＰａｒｔⅡ」などが含まれていました。この事件はどこに問題がある・あったのか、少し整理しないとわかりにくいものです。まず、簡単にそれを見てみることにします。

「あいトリ」事件の最大の問題は何だったのか

この事件のもとになっている構造は、**図1**です。テロ予告や脅迫、嫌がらせ電話などをする人たち（A）が、作品展示をした作家（B）たちの表現の自由を妨害したのです。[1]

この作家（B）たちの作品を束ね、企画展示を代表する役割を果たしていたのが、企画展「表現の不自由展・その

図3

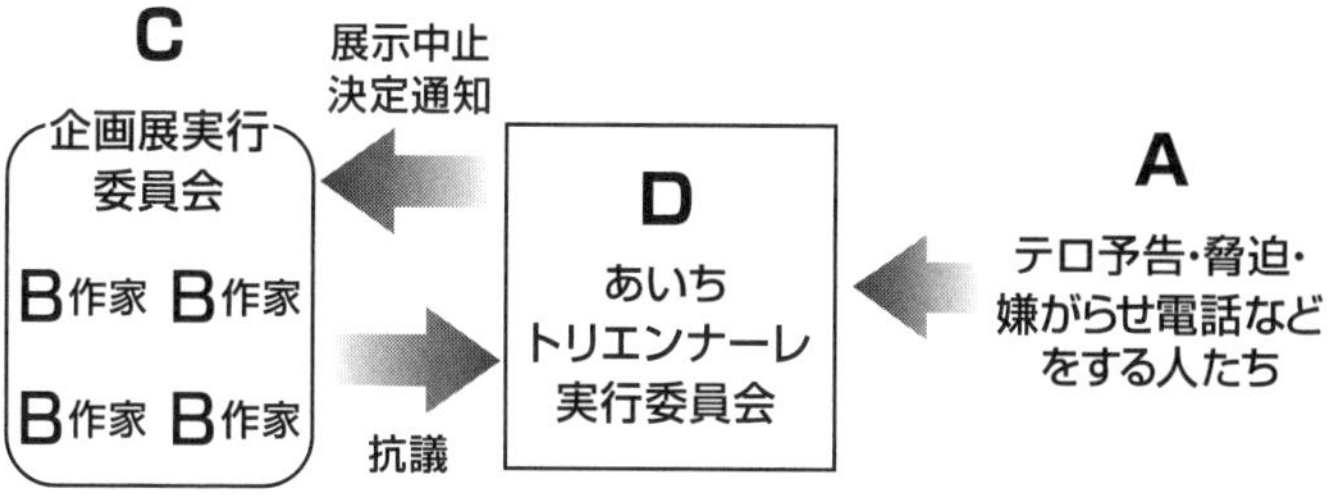

後」の実行委員会（C）でした。**図2**

テロ予告や脅迫、嫌がらせ電話などをする人たち（A）の妨害を受けて、「あいトリ」全体を仕切っている「あいちトリエンナーレ実行委員会」（D）の責任者である大村秀章・愛知県知事が企画展実行委員会（C）の人たちに中止の決定を通知し、企画を中止したのです。企画展実行委員会（C）は抗議をし、再開を求めました。**図3**

「あいトリ」事件の最大の問題は、妨害者（A）による混乱を理由にしながらも、「あいちトリエンナーレ実行委員会」（D）という事実上愛知県＝行政の手で、企画展実行委員会（C）が束ねていた作家（B）たちの表現が中止に追い込まれてしまったことでした。

「最大の問題」という書き方に、びっくりされる読者も

1「嫌がらせ電話をする人」というのは、例えば「慰安婦像などの展示をやめるべきではないか」という意見を述べる人や、それを電話で伝えようとした人は相当しない。職員の名前をさらしてわざと業務を妨害するような人のことをいう。

いるでしょう。「え？　一番悪いのは、少女像の撤去をするよう圧力をかけた河村たかし名古屋市長じゃないの？」「補助金を出さないと決めた安倍政権ではないか」「大村知事はむしろこういう作家たちをかばっていたはずだけど……」という疑問が出るからです。それらがこの問題のどこに位置するかは、後で見ていきますが、簡単に言えば、公権力を持った行政が、作家の表現の中止を命じているからです。他の政治家の発言などは中止圧力の一つになったことは間違いないのですが、あくまでも中止の判断をしたのは、大村知事でした。

ちなみに、「あいトリ」の芸術監督であった津田大介氏は、「あいちトリエンナーレ実行委員会」（D）＝大村知事の側に立って、中止の判断を企画展実行委員会（C）に伝える役割を果たしました。

表現（作品や出版物）を発表したくてもできなくなる――これは日本国憲法が保障している表現の自由にとって一番避けなければならない事態です。圧力がかかろうが、制約を設けられようが、とりあえずその作品や本が見られるのであれば、私たちはそれを見ていいか悪いか判断できるからです。権力が許したものだけでなく、どんな立場の表現・言論も自由に発表の機会を与えられ、見られることでよりよい判断ができるというのが、民主主義の根本です。ところが、今回の「あいトリ」の事件では、まさに行政権力が表現を中止に追い込んでしまいました。

だからこそ、多くの市民・作家たちが求めていた一番のことは「展示の再開」だったのです。

「展示をやめないとガソリンまくぞとか脅すファクスも来たらしいし、抗議電話でパンク状態だったそうだから、中止は仕方ないんじゃないの？」「悪いのはそういう妨害をする人たち（A）であって、あいちトリエンナーレ実行委員会（D）はむしろ被害者では」という疑問を持たれる方もいると思います。

もちろん（A）が許されない犯罪であり、この事件の元凶であることはその通りです。そのような行為がなければそもそもこの事件は起きなかったわけですから。そのことは当然の前提とします。

しかし、そのような卑劣な行為があったとしても、（C）の人たちは展示を続ける決意を示していました。脅しに屈しなかったわけです。そのままいけば、表現の中止は起きませんでした。それを公権力が中止させた、というところに憲法が保障する「表現の自由」を考える上で重大な問題が生じてしまったのです。

「混乱」を理由に中止することは中止させたい人を利するかも

ここは、少し大事なところなので、くわしく見てみます。

表現ではなく、イベントについて考えてみます。

「混乱が起きるので中止した」という言い分は、ぼくらが日常的にはよく使うロジックです。「大雨と雷が予想されそうだからお祭りを中止した」ということと同じように思われるからです。

しかし、ここでいったん、中止をさせたい側の気持ちに立ってみましょうか。モメている2つのグループがあって、他方のイベントを中止させたい。会場で騒ぐ。あるいは騒ぐぞと言って騒ぐ。そうすると会場を貸していた人は2つのグループから中立の立場だったはずですが、「面倒くさいな……。会場貸すのをやめとこう」と言って会場を貸さない。これでまんまとイベントを中止に追い込めるというわけです。

確かにこうしたことは日常的に起こりうるでしょう。

しかし、憲法では、例えばそれが公の施設だった場合は、簡単にそのロジックを許しません。「混乱が起きるから中止した」という言い訳で集会を中止させてしまうことは、「敵対的聴衆の法理」というもので、結果的に反対者に加担してしまう＝集会の自由を侵してしまうことになるとされています。

> 「敵対的聴衆の法理」とは、「主催者が集会を平穏に行おうとしているのに、その集会の目的や主催者の思想、信条に反対する他のグループ等がこれを実力で阻止し、妨害しようとして紛争を起こすおそれがあることを理由に公の施設の利用を拒むことは、憲法21条の趣旨に反する」というものである。これは、平穏な集会を暴力で妨害しようとする者の存在を理由に、集会の会場の利用を不許可とすれば、会場管理者が結果として妨害者に加担することになってしまうことを問題とするものである。[2]

判例では公の施設の提供を中止するのは、「警察の警備等によってもなお混乱を防止することができないなど特別な事情がある場合に限られる」（1996年上尾市福祉会館事件最高裁判決）とされています。それぐらいに具体的に差し迫った危険でなければ中止はできないわけです。

以上は公の施設を貸すということで集会の自由を保障するという問題です。

憲法上、集会の自由は、表現の自由の一種です。[3] もともと、権力に反対する人たち

2 木下智史・只野雅人『新・コンメンタール憲法』、日本評論社、2015年、252頁

が自由に表現したり自由に集会をしたりすることができなければ、健全な民主主義が保障できないからです。

したがって、今回の表現の自由をめぐる問題でも、この「敵対的聴衆の法理」をある程度使うことができます。

いったん承認したものは再開させる義務がある

武蔵野美術大学の志田陽子教授（憲法・芸術法）は、行政側がいったん承認した展示企画を、安全を理由にして中止することについて、出展者の「期待する権利」や観覧希望者の「知る権利」が保護されるべきだとして、次の比喩を使っています。

> 安全性の面からの中止をどう考えるかについては、市電や都電のような、自治体が運営する公共交通機関にたとえて考えるのがわかりやすいだろう。たとえばA市は、まだ区画Bに市電を走らせようという計画がない段階で、区画Bに市電を走らせる義務はない。[4]

つまり、展示企画が白紙のときには、行政はその展示企画を実現する義務はないというわけです。

しかしいったんそこに線路を敷いて電車の運行を始めたなら、その運行を守る責任がある。事故や犯罪予告があり、電車の運行を一時的にストップせざるをえなくなったとしても、運営者には、可能なかぎり早く障害物や危険を除去し、安全を確認し、運行を再開する義務がある。ここで、それ以外の理由によって運行再開をしないこと、あるいは運行再開に必要な安全確保のための活動をおこなわないことは、違法性を帯びる。[5]

展示企画を承認しスタートさせたなら、安全を理由に一時的にストップすることはあっても、再開の努力をしないのは責任放棄だ、というたとえです。

ここまで、「敵対的聴衆の法理」と市電のたとえを見てきました。

そこに共通しているのは、行政がいったんこうした表現の自由を行使するための企画やその支援を始めたなら、安全を理由に中止することはあったとしても、再開する・再開のために努力する責任が生じるということです。

3「表現の自由の一種と観念されている」／『世界大百科事典 第2版』、平凡社　**4** 志田陽子「芸術の自由と行政の中立」／『議会と自治体』第258号（2019・10）、48頁　**5** 同前

確かに、業務が滞るほどの抗議電話が来ていました。メールもたくさん来ていました。そして何よりもガソリンテロの予告ファクスも来ていました。しかし、このテロ予告をした人はつきとめられて逮捕されました。

今回のケースは、「警察の警備等によってもなお混乱を防止することができないなど特別な事情」だったのでしょうか。匿名のファクスや電話でのテロ予告だけで「もう無理」ということになれば、例えばオリンピックでも同じようなことが起きるだろうかと不思議に思います。そのとき、オリンピック会場の警備を強化するのかもしれませんが、別に会場でテロを起こさなくても、例えば「オリンピック開催をやめないなら、日本のどこかで企業をいつか爆破する」みたいな匿名ファクスが入ったら、会場警備の強化では対応できません。いつ・どこで起こるかわからないからです。その場合、オリンピックは中止されるのでしょうか。

そうは思えないですね。

再開によって事件の評価は「百八十度」変わった

「あいちトリエンナーレ実行委員会」（**D**）は、実行委員会形式をとっているものの、愛知県知事がトップをつとめており、事実上行政の意向が強く反映される存在でした。県知事が設置した「あいちトリエンナーレのあり方検討委員会」の調査報告書でさえも「実行委員会の会長を知事が兼務していたことは、構造上の不都合を生みやすい」「即ち、今回のようにトリエンナーレの展示を（安全上の理由から）中止するという判断を、知事でもある会長が行った場合、あたかも政治権力による介入（検閲）と誤解されかねない。また、芸術監督に対する管理運営上の指示についても、検閲にあたるリスクをおそれ不十分となる可能性が否めない」と述べざるをえないほどです。[6]

実際に、企画展「表現の不自由展・その後」の実行委員会（C）側が「（Cと）何の協議もなく、『中止ということを（津田さんが）知事と決めた』と一方的に（津田さんが）言ってきたのです」[7]と証言しているように、県知事のほぼトップダウンで中止は決定されました。

いわば、公権力によって表現が一方的に中止に追い込まれてしまったのです。憲法は公権力が市民の表現の自由に干渉してはならないことを定めているわけですが、そ

6 あいちトリエンナーレのあり方検討委員会「『表現の不自由展・その後』に関する調査報告書」、2019年12月18日、79頁
7 「岩崎貞明さんに聞く『あいちトリエンナーレ2019「表現の不自由展・その後」』展示中止が問いかけるもの」／『前衛』2019年10月号、130頁

れが侵されることになりました。そして、市民は表現が見られなくなってしまったのです。ここに「最大の問題」がありました。

しかし、ご存知のとおり、最後には「表現の自由展・その後」は、再開されました。「あいちトリエンナーレ実行委員会」（D）は、企画展「表現の不自由展・その後」の実行委員会（C）と、混乱を招かないようにおたがいに協力し、警察の協力で万全の態勢で臨むこと、入場は事前予約の整理券方式とすること、開会時と同じ展示にして、必要に応じて教育プログラムを付け加えることなどで合意したのです。

「混乱を招くからいったん中止する」ということは緊急避難のためにありえるかもしれないけど、対策を講じればなんとかなる程度のものではないか、ずっと中止しなければいけないほどの混乱だろうか？——これが中止報道を受けたぼくおよび少なくない市民が抱いた「素朴な感想」だったと思いますが、その「素朴な感想」がテコになって表現の中止は撤回され、展示は再開されることになりました。

中止に追い込まれた表現が市民の声をもとに再開された——これは本当にすごいことではないでしょうか。美術評論家の椹木《さわらぎ》野衣《のい》さんが、会期中に「不自由展」を再開できるかどうかで「文化・芸術に刻む足跡は、歴史的な画期と悪名とで百八十度変わってくる」[8]と述べていましたが、まさに「歴史的な画期」となったわけです。

その結果、「あいちトリエンナーレ実行委員会」（D）がおこなった中止の決定も、終わってみれば、「再開のための準備をする休止」ということになりました。もちろん、そもそもそのような休止が必要だったのかとか、あんなに長く休止すべきではなかったとか、再開してもいろんな制約があったとか、様々な批判はありえます。しかし、大きくみれば、表現を圧殺しようとする暴力に対して、市民の運動でそれをハネ返し、行政（D）も圧殺する側に加担せず、最終的に市民とともに再開の努力をすることができたと言えるのではないでしょうか。

国際美術館会議（CIMAM）も2020年1月31日、「彼ら（作家とキュレーター集団）の展示再開の努力は、予定閉会日前の6日間という短期間だったとしても、政治的圧力に対する反対表明として展示を再開する重要性を象徴的に示している」「『表現の不自由展・その後』の再開は、政治的圧力と検閲に抗する国際的なアートコミュニティにとっての積極的な模範」[9]と高く評価しました。

この事件は「公権力による表現の中止」という性格から、「暴力や政治圧力に屈せずに再開をかちとった歴史的壮挙」へと、槌木さんのおっしゃったように、「百八十度」

8 「西日本新聞」2019年9月8日付　9 https://cimam.org/museum-watch/museum-watch-actions/aichi-triennale-re-opened-thanks-to-the-artists-and-curators-efforts/（原文は英語、紙屋の仮訳）

評価を変えたのです（これによって県知事や芸術監督の、この事件における最終的な役回りも、「弾圧者」から「再開へむけての協同者」へ大きく変化したと言えます）。

政治による圧力——名古屋市長と政府

しかし、この事件は、もうひとつ重大な問題が残っています。

「表現の不自由展・その後」を直接中止に追い込んだのは、今述べたような「あいちトリエンナーレ実行委員会」（**D**）、事実上の愛知県の判断だったわけですが、その問題とは別に、政治家や政治権力が企画展「表現の不自由展・その後」の実行委員会（**C**）の展示を中止させる圧力をかけたり、それに類することをしていたりしたのではないかという問題です。「政治による圧力」（**E**）と仮にしておきましょう。**図4**

ひとつは、河村たかし・名古屋市長です。河村市長は「あいちトリエンナーレ実行委員会」（**D**）の会長代行という責任ポジションであるにもかかわらず、会場を視察して「平和の少女像」「遠近を抱えて ＰａｒｔⅡ」などの展示中止を求めました。

河村市長は中止を求めた理由をこう語っています。

「本当に（日本人の心を）踏みにじりますよ。名古屋市民に恥かかせてええの？／無

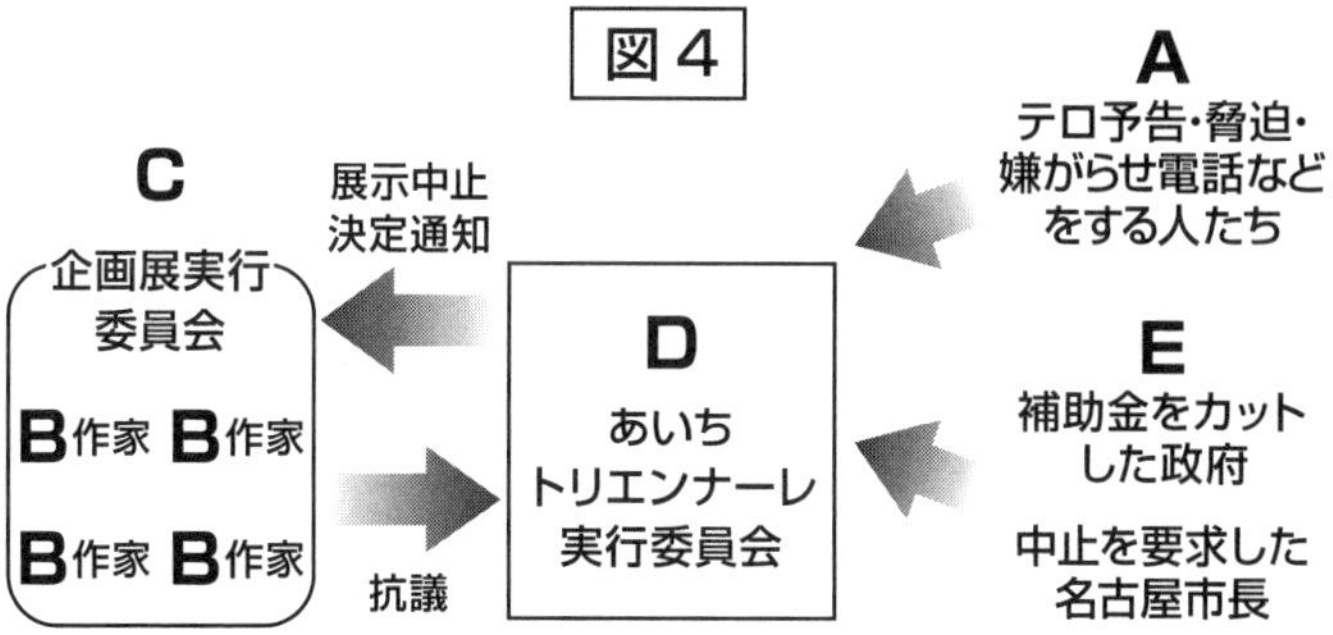

茶くちゃだがい。ようやる。こんな日本人の普通の人の気持ちをハイジャックして。暴力ですよ。そんなことやる人が、なぜ表現の自由なんて言えるんですか？ 恥ずかしい……[10]

もうひとつは、政府による「あいトリ」への補助金不交付決定です。

すでに、「平和の少女像」などが展示されるとわかった段階から、政府側はそういうことをチラつかせていました。8月2日の記者会見では、菅官房長官は補助金交付がいいかどうかについて、「事実関係を確認、精査した上で適切に対応したい[11]」と述べています。

そして、9月26日、文化庁は「あいトリ」へ支給される予定であった約7830万円の補助金を、全額不交付にす

10 https://www.huffingtonpost.jp/entry/kawamura-takashi_jp_5d9b0174e4b03b475f9c467d　11 時事ドットコム2019年8月5日

ると決定しました。
ただし、これは展示内容をその不交付の表向きの理由にはしていません。文化庁によれば、愛知県側が「展示会場の安全や事業の円滑な運営を脅かすような重大な事実を認識していたにもかかわらず」、その事実を申告しなかったので、「実現可能」「事業の継続」の2点で「適正な審査」をおこなえなかったためだとしています。[12]

名古屋市長の圧力はハネ返された

まず、河村市長の中止要求についてです。河村市長の要求が騒ぎを大きくしたことは間違いないところです。しかし、河村市長の要求が圧力になって「表現の不自由展・その後」が中止になったかというと、それは違います。そのことは、津田監督も否定していますし、何よりも、中止を判断した大村知事自身が、河村市長の主張を公式に厳しく批判しています。

最近の論調として、税金でやるからこういうことをやっちゃいけないんだ、おのずと範囲が限られるんだと、報道等でもそういうことを言っておられるコメンテーターの方がいるが、ちょっと待てよと、違和感を覚える。全く真逆ではないか。公権力

を持ったところであるからこそ、憲法21条（表現の自由）は保障されなければならないと思う。というか、そうじゃないですか？　税金でやるからこそ、憲法21条はきっちり守られなければならない。河村さんは胸を張ってカメラの前で発言しているが、いち私人が言うのとは違う。まさに公権力を行使される方が、〝この内容は良い、ダメ〟と言うのは、憲法21条のいう検閲と取られてもしかたがない。そのことは自覚されたほうが良かったのではないか。裁判されたら直ちに負けると思う。[13]

つまり「あいちトリエンナーレ実行委員会」（D）の会長だった大村知事は河村市長の圧力に反発し、全く屈しなかったのです。第三者である「あいちトリエンナーレのあり方検討委員会」の調査報告書でも「河村市長らの発言による直接的影響はなかった」[14]と断じています。ただし表現に対する公権力の圧力になったことは間違いないでしょう。また、名古屋市は「あいトリ」への負担金を新年度予算案で不計上にしており、これ自体は重大な圧力です。

12 文化庁ホームページhttps://www.bunka.go.jp/koho_hodo_oshirase/hodohappyo/1421672.html
13 大村知事の2019年8月5日記者会見より要約。全文はhttps://www.pref.aichi.jp/koho/kaiken/2019/08.05.html
14 あいちトリエンナーレのあり方検討委員会、前掲報告書、96頁

政府の圧力はかけ続けられたまま

　他方で、文化庁（安倍政権）が補助金を不交付にした問題ですが、先ほども述べたとおり、表向きには表現の内容を問題にしてはおらず、〝手続き上の不備があったから〟という体裁をとっています。形式的な問題だと言いたいわけです。

　しかし、この補助金を採択するかどうかを審査した専門家の委員会では、採択をしています。つまり問題ないから補助金を出していいよと審査しているのです。わざわざ専門家を入れて審査させておいて、あくまで形式的な理由だと言いながらその審査結果を、審査委員たちに何もはからずに覆すのであれば、審査をさせる意味がありません。「後出しジャンケン」の疑いが濃厚なのです。

　表現内容に踏み込まないような顔をしながら、〝こんな内容なら補助金を出さないぞ〟という萎縮効果を狙っていると言われても仕方がありません。

　前述のとおり、展示再開を実現させた今となっては、この事件において残っている問題、そして新たな「最大の問題」は、「表現に圧力をかけ萎縮を意図する政府」VS「それに抗する作家・市民・自治体」です。そのように問題の性格が大きく変化したのです。

この問題は、愛知県側も補助金適正化法にもとづく不服申し立てをしましたから、今後争いになっていくでしょう。

ただ、この本ではそこの詳細な論争には立ち入らずに、もう少し手前のところで考えてみたいのです。

というのは、一般の市民の中では、補助金を出さない、展示をさせないということについて、それを当たり前ではないかと受け止める意見があるからです。

税金を使うものには表現の自由はないのか

その理由は「慰安婦の像とか天皇の肖像を焼くとかというのは、芸術でもなんでもない。それは政治的なプロパガンダに過ぎないのだから、そんなものを展示している芸術祭とやらに公金を出したりする必要はない。表現の自由というなら、私費でそこらへんで勝手にやればいい。税金を使ってそれをやるなということだ」という意見に集約されるでしょう。

この意見は裏返せば、「税金を使って支援する芸術に対しては、政府や自治体などの行政（公）は介入していい」ということになります。つまり表現の自由は存在しないわけです。

これはある意味で常識的な感覚だと言えるかもしれません。

しかし、実はそうではないのです。

まず、法律ではどうなっているのかを見ていきましょう。

２００1年に文化芸術振興基本法という法律ができた際に、前文に「我が国の文化芸術の振興を図るためには、文化芸術活動を行う者の自主性を尊重する」という一文が入りました。

審議では、共産党の議員（石井郁子）がさらに詳しく、補助金などの振興策を行う際に表現によって差別が起きないように、「行政の不介入」という原則を書き込んでほしいという質問を行い、提案者（中野寛成）が〝おっしゃるとおりでその趣旨は入れてあります〟という趣旨の答弁をしています。[15]

石井　私は、当法案でも、行政の不介入の原則をやはり条文として立てる、明瞭にすべきだというふうに考えてきたところでございます。重ねてで恐縮ですけれども、伺います。

〔……〕

中野　我々としては、芸術振興についての、文化振興についての積極的な姿勢をこ

の法律にいかに強く表現するかという気持ちでつくったことを申し上げましたが、そういう意味でも、前文、それから第一条の「目的」、第二条の「基本理念」等に、この芸術活動を行う者、文化活動を行う者の自主性を尊重する、また創造性を尊重するということを書くことによって、行政の不介入をむしろ明記した、その意味も含まれている、こういうふうに私どもは考えております。[15]

この趣旨をより具体化するために、衆議院・参議院の委員会で附帯決議がつけられました。

文化芸術の振興に関する施策を講ずるに当たっては、文化芸術活動を行う者の自主性及び創造性を十分に尊重し、その活動内容に不当に干渉することのないようにすること。[16]

そして、2017年に同法が改正されて文化芸術基本法になった際に、先ほどあげた前文の箇所は、この附帯決議の趣旨をとりこむ形で表現の自由について書き込まれることになったのです。

15　2001年11月21日衆議院文部科学委員会　16「文化芸術振興基本法案に対する附帯決議」衆議院文部科学委員会　2001年11月21日、参議院文教科学委員会 2001年11月29日

――我が国の文化芸術の振興を図るためには、文化芸術の礎たる表現の自由の重要性を深く認識し、文化芸術活動を行う者の自主性を尊重する[17]

これらをみると「文化芸術の振興を図るためには」という前提がつけられていますよね。つまり、よく言われているように、「補助金を出しているんだから表現の自由などない」というのは明らかな間違いで、補助金などの振興策をやる際にも、やはり表現の自由を尊重して、その中身に行政が立ち入って補助金を左右するようなことをやってはいけない、自主性を尊重しないといけないよ、と述べているわけです。

学問の自由と大学自治の関係に似ている

先ほど、ぼくは「補助金を出しているんだから表現の自由などない」という考えについて「ある意味で常識的な感覚」だと言いました。なのに、一体どうしてこういう法律がつくられたのでしょうか。

そのことを考えてみる手がかりとして、学問の自由を例にとって考えてみます。

日本国憲法では第23条で「学問の自由は、これを保障する」という条項があります。

日本の大学には公私ともに税金が使われていることはご存知のとおりです。しかしだからと言って、「政府のやり方に反する学問は研究したり教えたりしてはいけない」ということにしていいでしょうか。

例えば、最低賃金を上げないという政策を日本政府がとっている場合、「最低賃金を大幅に上げた方が経済はよくなる」という研究は禁止されるでしょうか。あるいは、日本軍「慰安婦」が性奴隷であったかそうでなかったかという研究はどうでしょうか。いずれも、禁止されませんね。どんな権威や権力からも自由にできなければ学問は発展しないからです。

また、役に立たない・くだらないと思われる研究であっても、それを理由に禁じられることはありません。「そんな役に立たない研究に税金を入れるな!」ということにはならないわけです。

学問研究を発表することは、表現の自由の一種です。[18] 同じように、文化芸術についても、「国の考えに反するから」などといった理由で支援や助成をやめてしまうことは文化芸術をやせ細らせてしまうのです。

17 「文化芸術基本法」前文　18 浦部法穂『憲法学教室　全訂第2版』、日本評論社、2000年、192頁

表現の自由一般からふみこんだ「芸術の自由」

この問題は大事なので、専門家の指摘を見ておきましょう。

さっき紹介した志田陽子教授は、今回の問題を一般的な表現の自由の問題と分けて、次のように言っています。

今回の「表現の不自由展・その後」の展示中止は、法制度の仕組みとしては、上記の憲法二十一条の「表現の自由」がそのまま当てはまる場面ではなく、文化政策の土俵の上で起きたことである。ここでは、公的支援を受けつつ、なおかつ芸術の側に一定の自由が確保されるという原則について、確認する必要がある。[19]

国や自治体が芸術を支援する場面が増えてきましたが、その場合、芸術的な価値を判断して内容を選別することになります。しかし、その選別を行政がするのではなく、専門家に任せて、行政はそこに立ち入らない、という仕組みにすることで、行政が検閲をしてしまうことを避けようというわけです。

……芸術的な価値判断が伴ってくるため、芸術の専門家を信頼して任せるという考

え方が定着してきている。公金を使うからには行政の意向に沿わなくてはならないということにはならないのである。[20]
――

志田教授は、そのための法律上の保障が、先ほど紹介した文化芸術基本法で、その中に「二〇一七年の法改正で『表現の自由』という文言が入ったことの意味は大きい」（同前）と述べます。

――公的助成を受けつつも、このように芸術家側の自由・自律を尊重することは、先に見た一般社会の「表現の自由」と分ける意味では「芸術の自由」と呼んだほうがいいかもしれない。[21]
――

専門家の選定で支援すべき作品を選んで支援を受けるけれども、政治の干渉は受けない――大学が大学の自治の枠組みによって、どんな研究者を迎えてどんな研究をするかを、政治などの干渉を受けずに決め、それによって学問の自由が保障され、そこに国の予算が当てられるのによく似ていますよね。

19 志田、前掲論文、47頁 20 同前 21 同前、48頁

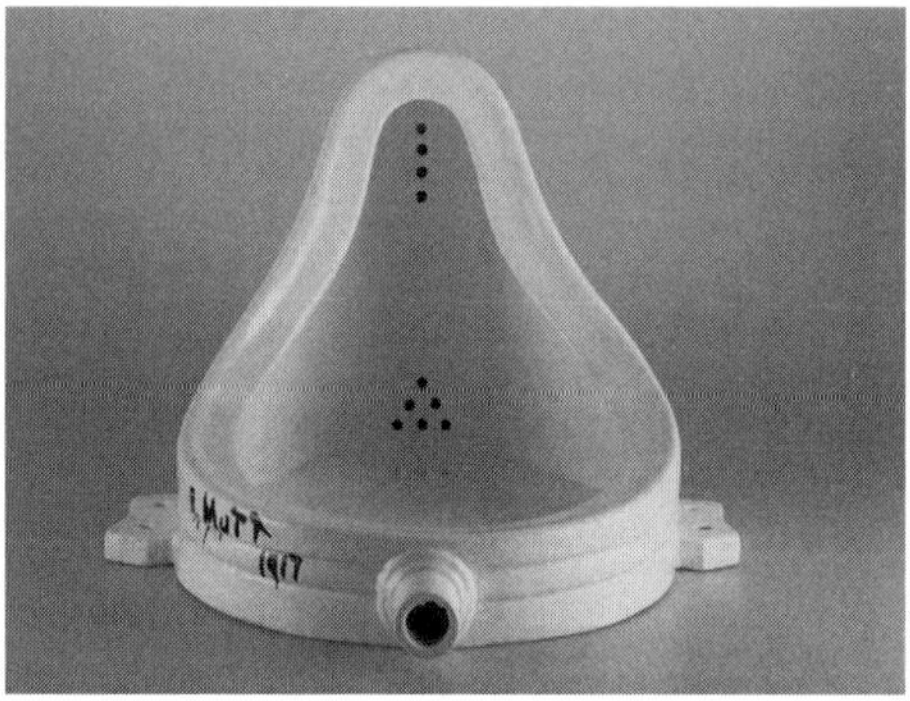

写真：マルセル・デュシャン「泉」

「あんなものは芸術じゃない」

ここでもう少し触れておきたいことは「あんなものは芸術じゃない。プロパガンダだ」という意見についてです。この意見は「だから行政が支援すべきではない」というふうに展開されていきます。

「これは単なる○○であって、アートではない」と言われかねないような作品。○○にはいろんな言葉が入ります。「プロパガンダ」「インタビュー動画」「描きなぐり」「広告」「いたずら」「教育フィルム」「朗読」……。

しかし、公立の美術館に展示されている作品を見て、これはただの「描きなぐり」ではないか？「いたずら書き」ではないか？と思ったことは誰でもあるのではないでしょうか。

写真は現代アートの源流とも言われるマルセル・デュシャンの「泉」です。これは、男性用小便器にサインしただけの挑戦的な作品です。発表当時「こんなものはアートではない」と言って出展を拒否されています。この作品については、

デュシャンは、「便器が芸術だなどと認められない」といった反応を最初から予想して確信犯的に《泉》を出展していたのです。それは「ただ一つだけのハンドメイドにこそ価値があり、美こそ善である」といった、美術界の既成概念を打ち破るためでした。[22]

などと解説されれば、我々凡俗は「お……おう」と戸惑いながらどうにかその作品を「受け入れる」こともできるでしょう。

しかし、いわゆる抽象絵画に至っては、もう何が何だかさっぱりわからないことが多いはずです。例えばワシリー・カンディンスキーの絵は、「音楽を絵にした」などと言われますが、ぼくなど、そう言われても戸惑うばかりです。

今引用した、東京藝術大学の秋元雄史教授は、抽象絵画の味わい方について次のように指南しています。

22 秋元雄史『武器になる知的教養　西洋美術鑑賞』、大和書房、2018年、177頁

抽象美術の面白さは色や形、線といった、美術そのものを純粋に楽しむことができることです。／抽象絵画には具体性はありませんので、「何かモチーフがあるはず」と探してはいけません。／その分、色と形だけで表現されているため、より直接的に鑑賞者に訴えてくるものがあります。それが何なのか、知的なゲームとして考え、思考のトレーニングを行ってみるのも、抽象絵画ならではの楽しみ方です。[23]

つまり、逆に言えば、現代の芸術というものは、こうしたぼくたちの日常からすると、まったく「わかりやすく」なく、むしろぱっと見で不快ささえ覚えることが少なくないのです。

「もっとわかりやすい、『ふるさと振興』みたいな絵だけ公金を使って美術館に飾れ！」と言い出したら、こうした現代的なアートはほとんど公立美術館から追放されてしまい、結果的に文化や芸術がやせ細ってしまいます。

「政治的なもの」は芸術ではないのか

「政治的」という点ではどうでしょうか。

有名なパブロ・ピカソの「ゲルニカ」は「政治的」な絵画そのものです。

人民戦線と反人民戦線とのスペイン内戦に際して、反人民戦線側を応援するナチス・ドイツの空軍がスペインの町・ゲルニカを空爆し街は廃墟と化しました。ピカソはその告発をこめて「ゲルニカ」を描いたのです。20世紀を代表する絵画である「ゲルニカ」を「人民戦線のプロパガンダだ」と主張し、その美術的価値を否定してしまうことは、愚かな行為だということはわかっていただけるでしょう。

あるいは、丸木位里・俊の「原爆の図」も有名ですが、あれを「アメリカの戦争犯罪を告発する反米プロパガンダ」だという人がいるでしょうか。

「『ゲルニカ』や『原爆の図』は芸術的だからいいのだ。『平和の少女像』は芸術的ではない」と主張する人がいるかもしれません。しかし、そう主張するのであれば、鋭く政治的であるかどうかということは、その作品の芸術的価値にとって何も関係がないと認めることになります。

となれば、「ゲルニカ」や「原爆の図」と、「平和の少女像」とが、どの点で芸術性が高いのか・低いのかを証明しなければならないはずですが、そのような議論はほとんどぼくの耳には入ってきませんでした。聞こえてくるのはただ「あれは政治的だから」という理由ばかりだったのです。

23 同前、223-224頁

表現や芸術は実際に触れてみることが大事

さて、「あいトリ」問題を見てきましたが、ぼくは「あいトリ」問題を専門的に解説したいわけではありません。そもそもぼくは専門家ではありません。ではなぜ「あいトリ」問題をざっとながめて、そのポイントをぼくなりに解説したのか、その意図を少し書きます。

一般市民が表現の自由について考えるときに、後で忘れてしまうような、専門的な細かい理屈を知らないと判断できないようでは、この憲法上の原則は、ぼくたちの暮らしの中に生きてきません。大ざっぱでもいいから、どこがポイントになっているのかを、感覚としてつかむことが大切です。

そのひとつが、表現の自由は、実際に表現に触れてみる機会がとても大事だということです。その表現に賛成であろうと、反対であろうと、とにかく実際に触れてみないことには、わからないからです。だからこそ、表現が中止されてしまうこと、触れることができなくなってしまうことは、この問題で一番避けなければならないことなのです。

「プロパガンダだ」「あんなくだらないものを税金で支援するのはおかしい」という意見が「あいトリ」でたくさん出されました。「表現の不自由展・その後」が再開された後、抗議対応の電話を作家たちが分担して始めたそうですが、抗議をしてくる人たちのほとんどは作品を実際に見たことはありませんでした。[24] 実際に「プロパガンダ」「くだらないもの」かどうかは、やはり実際に見てみる・感じてみることが一番いいのです。

その点でぼくは、重大な告白をしなければなりませんが、このような本まで書いている当のぼくは、結局は「表現の不自由展・その後」をついに「あいトリ」で実際に見ることはできませんでした。中止前に行くために新幹線の駅へ向かう途中で、中止のニュースを聞きました。再開後も3度抽選に挑戦しましたが、結局落選してしまいました。本当に見てから判断したかったですね。

ふたつ目は、文化や芸術を支援・助成をする際には、行政は中立的立場でのぞむということが非常に重要だということです。つまり中身がどんなに政治的であっても、「右」であろうが「左」であろうが、どんなに偏っていようが、行政はその価値判断

24 「毎日新聞」２０１９年10月12日付

をすべきではありません。[25] それをやり始めると検閲になってしまいます。このことは、文化・芸術だけでなく、行政が市民の自主的な活動（広い意味で文化活動と言える）に支援する際にも言えることだと思います。

25 ただし、他の人の人権を侵害し、違法となるものは、話は別である。しかしそこにも様々な条件がつく。この問題は後で詳しく述べる。

II

実際に「あいトリ」の作品を見てみる

実際に、現代アートに触れてみる、ということをぼくは「あいトリ」でやってみました。先ほども述べたように、「表現の不自由展・その後」は結局抽選に外れて見られなかったのですが、待ち時間でそれ以外の作品をたくさん見ることができました。結論から言うと、「政治的なもの」「こんなのがアートと言えるの?」という作品が驚くほどたくさんあり、むしろ「表現の不自由展・その後」で批判されているような作品群だけが取りざたされる不合理を感じないわけにはいきませんでした。

（なお、第2章に掲載する写真は、すべて紙屋が「あいちトリエンナーレ」の会場で撮影したものです。）

政治的なインタビュー映像

例えばこういう作品を見ました。

体制に反対するなどして暴力を受け、母国や移動先の国にいられなくなった人たちのインタビュー動画です。**写真1**

あまりにも長すぎるので全部を「鑑賞」することはできませんでした。

これは、ベネズエラのチャベス政権に反対し、しかも同性愛者である教授のインタビューです。それ以外にもシリアから逃れた女性のインタビュー動画があり、この教授と交互に映像が流れていました。

しかし実は、これは本人ではなく、俳優が語っている「再演」なのです（写真の演者はアレック・ボールドウィン）。

この部屋の奥に、同じ語りを、本人が語っている映像を流している別の部屋がありました。「語る」という行為が客観視され、批評的になるのです。「語り」に共感し過ぎている自分や、逆に「演技だろう」と距離を置いてしまっている自分を発見することになります。

ただ、奥の部屋の方は吹き替えも字幕もないので、（ぼくのような英語ができない日本人には）その意図があまり果たせていませんでした。人も表の部屋ほどいませんでした。もちろん声のトーン、容姿はわかりました。実際の同性愛者である教授は、こんなに若く、たくましくありません。むしろ年老いて、貧相なのです。演者の見た目、声質に左

写真1：キャンディス・ブレイツ「ラヴ・ストーリー」より

右されている自分を発見します。

しかし、現実にその鑑賞室ではどんなふうになっていたかというと、そんなキレイに作者の意図通り鑑賞者たちは〝踊らせ〟られないのです。

鑑賞する人はこの部屋に釘付けになっていて、このインタビューを長い時間聞いている人が多かったように思えました。つまり俳優が演じている「暴力を受けた人間のインタビュー」に強く惹きつけられている状態になったのです。いわば普通のドキュメンタリー映画を見ているかのように作品を鑑賞し、特に批評精神も発揮しないままこの展示を後にする人も少なくなかったように思います。

この作品は、ベネズエラやシリアのような最も熱い「政治的なもの」を取り扱っています。政治的であるがゆえに、ぼくらはこの俳優の再話映像の前でナイーブに聞き入ってしまわないかどうかテストされるのだと言えます。

そして、ある意味、表の部屋だけで出ていく人がいれば、これは一種の（反ベネズエラ・反チャベスの）「プロパガンダ」でしかないでしょう。あるいは、「ただのドキュメンタリー映像」に過ぎません。

この作品一つをとっても、政治的なものを避けたり、「これは単なる〇〇であって、アートではない」式の非難をしたりすることは、説得力を失ってしまうのです。

写真2：タニア・ブルゲラ「10150051」

メントールで強制的に泣かされる作品

あるいはこれです。**写真2**

鑑賞者は入り口で手にスタンプを押されます。解説を読まない限り、その説明はありません。

この数字は2019年に国外へ脱出した難民の数と、脱出が果たせずに亡くなった難民の数の合計です。

だがそんな数字だけ見せられても何も心は動かされないでしょう？

そこでこの作家はメントールの充満した部屋に鑑賞者を入れて無理やり涙を流させるのです。実際、ぼくも「泣き」ました。「人間の知覚を通じて『強制的な共感』を呼び起こし、客観的なデータと現実の感情を結びつけるよう試みている」と作品解説にありましたが、この試みが大失敗している（結びつかない）ことによって、むしろ数字＝抽象化が引き起こす問題を突きつけています。

岡崎京子さんの『リバーズ・エッジ』というマンガ（1994年に宝島社ワンダーランドコミックスより刊行）に出てくる登場人物たちは、オゾン層破壊のような「環境問題」をいくら数字で示しても「だけどそれがどうした？　実感がわかない　現実感がない」（13頁）とつぶやきます。代わりに登場人物たちがリアルを感じるのは、河原で骨になった死体であり、嫉妬のあまり放火しようとして自分が丸焼けになってしまった同級生の焼死体でした。

社会の現実が「情報」として全くリアルに自分たちに響いてこない世界にいて、ひりつくようなリアルを探しているぼくらがそこにはいるのです。

また、「広島を『数において』告発する人びとが、広島に原爆を投下した人とまさに同罪と断定することに、私はなんの躊躇もない」[1]と詩人の石原吉郎は怒りを込めて告発しました。数字という情報になってしまい、一人ひとりの失われた命という現実が消えてしまっているのです。

タニア・ブルゲラは、そのような異常を、メントール部屋を企画することで表現しようとしました。

人によっては、「これがアート？　ただのこじつけでは……？」と思うんじゃないでしょうか。

そして、「難民」の扱いは日本では極めて今「政治的」な問題です。入国管理施設に難民申請者たちが収容され、過酷な扱いを受けていることは、今連日ニュースで報道されています。

ここでも、焦げ臭いほどの「政治的」な臭いと、「これがアート?」的な摩擦があるのです。

誰もいない台湾の街

袁廣鳴《ユエングアンミン》「日常演習」という作品で、ドローンで都市の上空を飛ばした映像も見ました。

全ての作品をそのように鑑賞したのですが、まず解説を読まずに展示を見ました。その後、戻って解説を読み、再び作品を鑑賞しました。

この作品も、まず鑑賞してみます。すると、どこかで見たことがある光景だなあ……

1 石原吉郎「三つの集約」／梅田卓夫・服部左右一・松川由博・清水良典編『高校生のための文章読本』ちくま学芸文庫、2015年、185頁という思いが生じ、ビルの文字でどうも中国のようだと思うのですが、ぼくは中国本土に行ったことはありません。しかし台湾になら行ったことはあります。「ひょっとして台北では？」と思っていたら、河川敷の映像を見て、あっ、これは台北だとほぼ確信しました。

台北は人がたくさんいたから、街に一人も人がいないというこの映像がいかに異様かを実感します。早朝に撮ったのかな、とも思いましたが、それにしても一人くらい外にいてもよさそうです。しかし一人もいないのです。

映像には、鳥だけがいました。

まるで、人間だけがいなくなったかのようなSF的な、そして不気味な光景です。実は、「台湾で1978年より続く『萬安演習』という防空演習を捉えたものです。この演習は毎年春先に実施され、日中の30分間人々は屋内へ退避し、自動車やバイクなどの交通も制限され」（作品解説）るのだといいます。

ぼくは解説を読んですぐに福岡市で2017年に行われた北朝鮮のミサイル落下の避難訓練を思い出しました。福岡市の小学生たちが、ミサイルが落ちてくるという想定で号令一下、地上にうずくまります。その光景が、ぼくにはなんとも異様に映りました。

この不気味さ、異様さは、政治的なものと直ちに結びつきました。なぜなら、今の福岡市政を支持する人や安倍政権を支持する人なら、こう言うのではないかと思うからです。「北朝鮮のミサイルが飛ばされていて、そのことに備えるのは当たり前ではないか」。なるほどそれはそうかもしれません。少なくともその当時はそうでした。その人たちは、ぼくがその光景を「異様」と感じることについてまで、おそらく文句を言いたいのではないでしょうか。「訓練は当たり前・当然なのだから、異様と感じる方がおかしい」と。

ですが、例えば、福岡市での訓練は、あくまで〝1発のミサイルが降ってくる〟程度の想定しかされていません。核が炸裂して大量の死者が出るというシナリオは決して採用していません。そんなことをすれば世論が大騒ぎになるからです。〝1発のミサイル〟という想定の訓練をくり返すことで、ぼくたちの身体は知らず知らずのうちにその想定を刷り込まれて「訓練すれば危険を避けられる自然災害」であるかのように思わされていきます。あくまで政権のシナリオにそった範囲での「訓練」であり、そのために身体と精神を馴致させようとするものなのです。台湾の映像にも似たものを感じました。これだけの人の行動をしばることによって政権が目論む意図を身体と心に刷り込んでいくのではないか……と。

写真３：文谷有佳里のドローイング作品

その意図だけが強烈に迫ってきて、不気味さ・異様さを覚えるのです。

この作品はある種の「政治的なもの」なのです。しかし、人によってはただ上空からドローンで映しているだけの記録映像であり、「こんなものがアートなのかよ」と思うのではないでしょうか。

「政治的なもの」との際どい境界の上にある、もしくはどっぷりと「政治的なもの」に浸かっている作品はまだまだたくさんありました。紹介しきれないほどです。

ただのめちゃくちゃな線にしか見えないんだけど……

「政治的」かどうかは全然別にして、「これがアート？」と思うような作品はたくさんありました。

まあ、もともと現代アートってそういうことを言われがちなのです。

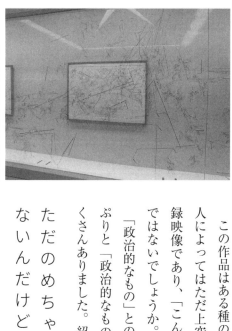

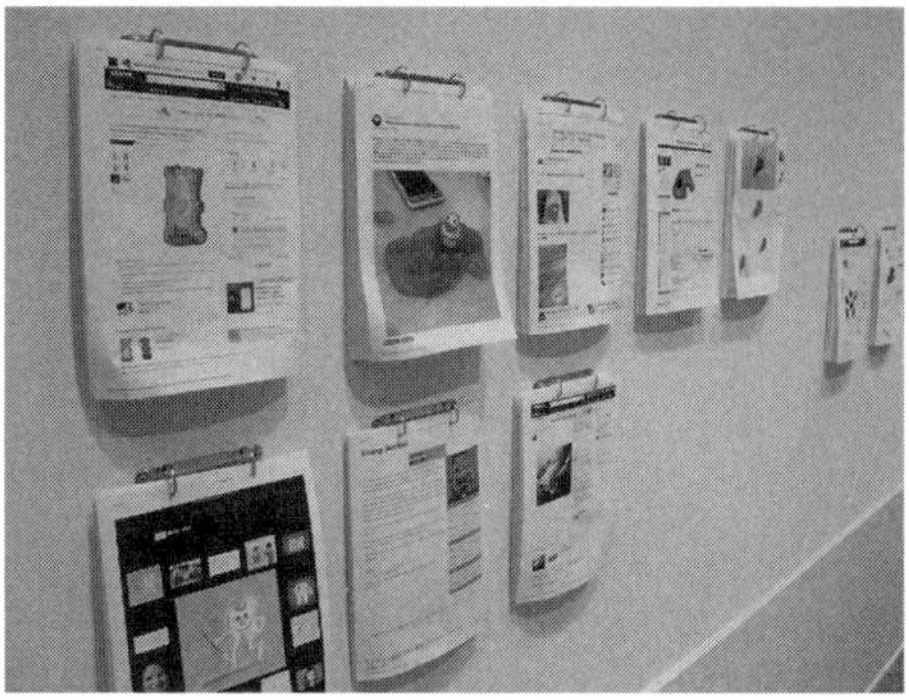

写真4：澤田華「Gesture of Rally #1805」

例えば、文谷有佳里の一連の展示作品は、いかにも素朴にぼくらが想像する「現代アート」です。**写真3**

これはもうぼくにはまったく理解できませんでした。ただのめちゃくちゃな線にしか見えません。

ところが、本書の編集をしていただいた伊藤知代さんによれば、ぼくとは別に彼女が他の参加者とガイドツアーで会場を回った際に、この作品の解釈をめぐって参加者間で一番盛り上がったそうなのです。つまり何に見えるか、想像を掻き立てるのですね。

ただの「俺の家の写真」？

ぼくが面白いと思ったものの一つは、例えばこれでした。

写真4

あるオフィスの写真に写り込んだ「正体不明のぶよぶよした何か」をあれこれ想像し、その想像結果や調査結果を

写真5：石場文子「2と3、もしくはそれ以外（わたしと彼女）」

ディスプレイしたという作品で、スライム状のおもちゃでは？とか、鶏肉では？とか、なんだかインターネットの「おもしろブログ」の一つを読んでいるような気分になりました。

他には、石場文子「2と3、もしくはそれ以外（わたしと彼女）」も興味深いものでした。**写真5**

この雑然とした様子を見て、「これ、ただの俺の家の写真やん」と笑い出しそうになりました。しかし一点、特徴的なことがあります。輪郭線が写真の上からでなく、現実の物の上に描かれているらしいのです。すぐに「こんなもんがアートなのかよ」と思うわけですが、そういえばぼくの小学生の娘が水彩画で絵を描く時、輪郭線をつけたりつけなかったりするなあ、とふと思い出しました。ぼくも水彩画を描く時に迷うのです。

黒い縁は現実には存在しないよな、と。

しかし、黒い縁取りを入れたくなるのです。

色ではなく、縁取り＝輪郭線によって世界を再構成しようとするわけです。

輪郭線を入れることで、確かに変な認識の揺らぎがあることは認めざるを得ません。

これらはほんの一部です。

要するに展示会場には、「政治的」な作品、あるいは「これは単なる○○であって、アートではない」と言われかねない作品が溢れているのです。

会場に行って実際に他の作品を見てみれば、「平和の少女像」だけを区別して「排除」するということの正当性が揺らいでしまうでしょう。

現代アートのとっつきにくさと面白さ

先ほど紹介した秋元雄史教授は、現代アートのとっつきにくさを次のように指摘します。

見慣れていない人にとって、もっと手強いのが現代アートかもしれません。子どもの落書きのようなグルグルした線が描かれているだけだったり、コンクリートの柱がただ立っているだけだったり、路上で拾い集めてきたゴミのような物体が置かれているだけだったり……。〔……〕現代アートはかつてのように一括りの様式で括れるものではなく複雑なまでに多様化しています。これまでにあった絵画や彫刻だけでなく、素材や空間まで含むものが現れているので、どこから手をつけてよいのか、わからない人もいるでしょう。／また、政治や経済、人種といった現代社会の問題を問い掛けたり、アート自体の問題や美術史、美術批評について問い掛けたりする表現が主流ですから、そういった現代社会の問題や、美術史における文脈をまったく知らなければ、わからなくて当然です。[2]

まさに、「あいトリ」で見たものはこれでした。

そして、作家の投げるボール、つまり何を発信しようとしているかをじっくりと受け止める準備をするように秋元教授は勧めます。

ボールを受け止めることができたら、今度はそれを言葉にしてみましょう。まずは「グルグルした線が描かれているな」と見たままで構いません。それから「なぜ作家は、こんな線を描いたのか」を考えてみてください。〔……〕その後で解説を見て、作者の意図を確認してみましょう。作家の狙いとあなたの解釈が異なっていたとしても気にすることはありません。「そういう意図なのか、でも自分にはこう見える」と考えてもいいのです。[3]

まず感じたままに見てみる。その後、答え合わせのように解説を見てみる——これもぼくが「あいトリ」の会場でやってみたことでした。

「現代アートには、決して一つの正解があるわけではない。いろんな見方があっていい」ということに気づけば、もはやあなたは、どんなボールが飛んできても受け取ることができるようになっているでしょう。それを繰り返せば、多様なものの見方ができるようになるはずです。[4]

秋元さんは次のようにまとめます。

あなたは今はまだ、これまでに見たこともない現代アートに遭遇したら、違和感を覚えるかもしれません。／しかし、その違和感こそが新たな目が開かれるチャンスでもあるのです。美術鑑賞は、自分がそれまでに知らなかった価値観があることに気づいたり、「むむっ、私はこういうものに対して、こんなふうに考えていたのか」といったことに気づいたりできる絶好の機会なのです。／現代アートを楽しむことは、知的なゲームのようなもの。あふれかえる情報で凝り固まった頭のストレッチ

2 秋元雄史『武器になる知的教養 西洋美術鑑賞』、大和書房、2018年、224-225頁
3 同前、226頁 4 同前、227頁

一にもなります。[5]

「政治的だ」「これはアートではない」ということでその表現をやめてしまったらもったいないことがわかると思います。

ただ、逆に言えば、「政治的」であるから必ずしも優れたアートとは限らないし、「一見アートとは思えないようなくだらないアート」であるからといって必ずしも既成概念を壊すような進歩的なアートとは限らないということです。

アートとしての価値があるかどうかは、できれば実際にその作品を見て、具体的な言葉にして考えたいところです。

その意味では、「表現の不自由展・その後」をそのまま見られなかったのは、本当に残念でした。

「表現の不自由展・その後」で見てみたかったもの

特にぼくが関心を持っていたのは、公民館だよりで掲載を拒否され訴訟となった「梅雨空に『九条守れ』の女性デモ」という俳句でした。この俳句と裁判自体は、ぼくが最近の表現の自由の現状に危機感を持つ、一番大きなきっかけだったわけですが、しかし、これを額縁に入れて展示するという手法が、本当に国際芸術祭という空間にふさわしいものだったのかどうかをこの目で見たかったのです。

頭で考えたり理屈で考えたりすると、どうにもダメそうな気がしたのです。

「表現の不自由展・その後」が中止になる前にレポートしたブロガー・あままこさんの記事では「平和の少女像」や元「慰安婦」の写真などを芸術の表現として高く評価した上で、「9条俳句」の展示については次のように書いています。

まあ、そうは言っても作品単体で見ても「こりゃ駄目だ」という展示はあるんですがね。特に9条俳句なるもの……さすがに展示側もこんなもん展示するのはどうなのって良心があったのか、片隅の部屋のさらに片隅にひっそりあったわけですが、それでもこんな展示をするスペースがあったらもっといい作品があるだろう……こんなしょーもないもんをわざわざ「問題」として大きく見せることになったという点が、この俳句を掲載しなかった一番の罪だよと、言いたくなったりもする、そんなくだらない展示もあったりします。[6]

5 同前、227-228頁

6 http://amamako.hateblo.jp/entry/2019/08/03/030515

実際に見てみないとわからないことがある

現代アートは、「インスタレーション」といって、空間全体を一体にした状況を「作品」として扱うようになっています。ぼくも「あいトリ」で、例えばインターネットで募集された「10分遺言」が表示されるという作品（d・i・v・i・d・u・a・l・i・n・c・「ラストワーズ／タイプトレース」）を見ましたが、薄暗い部屋でたくさんの並んだモニターがありました。部屋の中央には無人・自動でキーが押されるキーボードが置かれています。モニターには「遺言」が刻々と表示されていきます。異様な空気感に包まれていました。たぶんこう文章で書いても、あるいは写真でみてもそのフンイキは全く伝わらないでしょう。

実際に会場に出かけて見てみたとき、作品は違った印象を持つかもしれないのです。だからこそ、額縁に収められ展示された「9条俳句」を見てみたいと思いました。前評判通り「しょーもない」ものだったのか、それとも他の「展示不許可作品」と並べられた時に、何かを主張している感じになるのか。

ジャーナリストの江川紹子さんが、再開された「表現の不自由展・その後」をみて、

実際に作品を見ることが出来たので、学ぶところも多く、感じるものがあり、こうした疑問点も見えてきた。「不自由展」が再開されて、本当によかったと思う。……今回の出来事では、作品をちゃんと見ていない人が、断片的な情報だけで怒り、傷つき、非難していたように思う。このような非難によって、作品が封じ込められたり、展覧会などの鑑賞の制限がなされたりするような事態が二度と起きないようにしなければならない、と改めて思った。[7]

とまとめているのは、よくわかるのです。

逆に言えば、実際に見られない、展示を中止させられたり撤去されたりすることは、表現にとっていかに命取りか、わかっていただけると思います。

7 https://news.yahoo.co.jp/byline/egawashoko/20191030-00148969/

III
「行政の中立」とは何か

救急車と「行政の中立」

「あいトリ」事件で得られた教訓として、もう一つ「行政の中立」という問題があります。

すでに述べたように、表現されている作品への芸術的・政治的な評価には立ち入らずに、表現の自由を確保する立場から、右でも左でも作品の展示機会を保障するということになります。

この章はこの問題にもう少し立ち入って考えてみます。

しかし、この理屈自体は、あまり難しく考える必要はないかもしれません。

山花郁夫衆院議員（立憲民主党）が、ホームページで次のように述べています。

> 例えば、もし税金を使っているから、国に有利不利ということで出展可否が判断がされるのであるとすると、国の方針に従っているという人たちだけが税金を使ったところの恩恵を受け、そうでない人は恩恵を受けられないことになってしまいます。／もしその理屈が通じるのであるとすると、政府の方針に従ってる人が高い税金、反対してる人は安い税金でなければ不公平なのではないかと思います。[1]

それでも「行政の中立」にこだわる人に、山花議員はこう諭しています。例えば救急車や消防車を呼ぶ際に『あなたは政府の方針に賛成ですか？　反対ですか？　我々は税金を使って仕事してるんですよ』なんて言うことが許されると思う人はいらっしゃらないのではないでしょうか。／つまり税金を使っているところだからこそ、むしろ公平にいろんな意見が確保されるべきだということを申し上げたいと思います。[2]

もし、反市長のイベント中に誰かが倒れたら、救急車は駆けつけないべきでしょうか。そのような反市長のイベントを応援していると誤解されないために。

山花議員がここで救急車のたとえを使っていますが、問題は文化芸術に限定されず、行政サービス全体を受けるさいには「中立」という問題をこのように考えるべきだということがわかります。

ところが、当の市民が政治的主張をしているということが強く意識されると、この原則が忘れ去られてしまう場合がよくあります。文化芸術のケース、作品展示などの

1 https://yamahanaikuo.com/20190913-2/　2 同前

場合はまさにその一つでしょう。

「行政の中立」を理由に全国で

そして、最近、行政、特に自治体が市民のいろんな自主的な活動を「後援」するさいに、この「行政の中立」を口実にして、「後援」をしない・拒否する・取り消すケースが目立ってきています。

ＮＨＫは２０１９年９月５日放映の「クローズアップ現代＋《プラス》」で「あいトリ」事件を特集し、その中で

> 今、政治的中立に行政が、より配慮する動きが全国で広がっています。内容の変更を求めたり後援を断ったりするケースは、この5年あまりで分かっただけでも43件に上っていました。

としてこの「後援」問題に触れました。

ぼくが住んでいる福岡市で、市の「後援」が拒否・取り消された事件が起きており、ＮＨＫの報道でも図の中で紹介されていました。

市民の自主的な活動は広い意味で「文化活動」と言えます。したがって、ＮＨＫが

このカテゴリーで紹介したのは自然なことだったと思います。

福岡市で起きた事件を詳しくみていくことで、「行政の中立」をはきちがえるとどんなことが起きるのかを考えてみましょう。少々引用が長くなりますが、たいそう「面白い」ものなので、ぜひお付き合いください。

「名義後援」とは何か

そもそも名義後援とはどういうものでしょうか。

実は地域や自治体などによって違いがあり、一概には言えないのですが、とりあえず、以下の定義は参考になるでしょう。


後援とは「仕事や計画などの後ろだてとなって、資金を提供したり便宜を図ったりして援助すること」という意味です。具体的には、実施するイベントの趣旨や目的に賛同したマスコミや団体などから、お金や物資・人材の援助を受ける事を言います。／しかし、今回テーマとなっている「名義後援」の場合は、お金や物資、人材などの援助は一切ありません。ただし、後援先が企画やイベントの趣旨に賛同していることを表すため、イベントのチラシなどの広報媒体に「後援〇〇放送」という団体の名称を入れることができるようになります。／名義後援を得るメリットとして、……「1、団体の行う事業への社会的信用が増す」「2、活動の公共性をよりアピールできる」という事があります。[3]

具体的な物質的援助はほとんどないのですが、「後援してます」という名義のみを与えることで社会的信用を増し、公共性をアピールできる、というものです。「具体的な物質的援助はほとんどない」と書きましたが、例えば行政の後援の場合は、公共施設などでチラシを置いたりしてもらえるメリットがあります（自治体によって違う）。

「だとすれば、政治的に偏ったものを排除するのはやむを得ないのでは……？」という疑問が湧くかもしれません。しかし、「偏っている・いない」「論争問題になっている・いない」「政治的である・ない」という区分自体がセンシティブかつ曖昧なものであるため、その基準自体に「偏り」が生じてしまうのです。そのあやふやな基準のままイベントや事業の中身に立ち入りだすことで、行政が事細かに内容に口を出すことになります。

まあ、「政治的に偏ったものを排除するのはやむを得ないのでは」という気持ちでもまずは結構です。

福岡市ではどういうことになったのかを見てほしいのです。

思想を調べあげる

市民団体が開いてきた「平和のための戦争展」は従来福岡市の名義後援を受けてきましたが、それが突如2015年に拒否されました。

その後援拒否をめぐり市議会で論戦となっています[4]（なお、中山郁美は共産党議員）。

○**50番（中山郁美）**〔……〕市民団体などが共同で成功させる会を結成し、毎年取り組まれている平和のための戦争展について、市長は3年連続名義後援してきたものを、ことしは一転して拒否しました。その理由についてお尋ねします。

○**総務企画局長（中村英一）**今回の平和のための戦争展ふくおかの名義後援の審査に当たりましては、催事の趣旨や全体としての内容が総務企画局が所管する業務の行政目的に合致していることを前提といたしまして、その内容に特定の主義主張に立脚するものや特定の宗教を支持するもの等が含まれていないか、営利を目的とし

---

3 仙台市市民活動サポートセンター「市民活動お役立ち情報」、2010年4月1日号

4 やりとりの引用は、2015年福岡市議会第4回定例会（9月11日）の議事録より。議長の発言は省略した。

ていないかなどを審査し、福岡市の後援名義の使用が妥当かどうかを総合的な観点から判断しております。

今回、審査過程の中で、催事の一部である漫画展におきまして、原発は要らない、消費税増税やめろ、原発再稼働反対といった表現があること及び講演会の講師の方の基本的立場として、脱原発をしなければならないと主張されていることが確認されましたので、特定の政治的立場、特定の主義主張に立脚している内容が含まれると判断をいたしました。

このような国政レベルで国民的な議論が存するテーマである原子力発電や消費税等に関しまして、一方の主義主張に立脚する内容が含まれている催事を後援することといたしますと、その主義主張を福岡市が支援していると誤解され、行政としての中立性を保てなくなるおそれがあると判断いたしましたので、名義後援については不承諾としたものでございます。以上でございます。

まず、マンガ家の西山進さんのマンガが標的にされます。

○50番（中山郁美） まず、具体的に述べられました1点目の、漫画展にかかわる理由については、西山進さんが過去つくられた作品の内容を調べ上げ、これを問題にしたということですね。確認いたします。

○**総務企画局長（中村英一）** お尋ねの漫画展につきましては、当日展示される内容が不明であり、申請者に確認したところ、既に提出された既存資料が当日展示されるものと同様であると理解してよいとのことでございましたので、当該資料には、原発は要らない、消費税増税やめろ、原発再稼働反対といった表現がございましたので、特定の主義主張に立脚している内容が含まれると判断し、不承諾の理由といたしました。以上でございます。

○**50番（中山郁美）** 局長は、わかっておられないようですけれども、漫画というのは文化芸術のジャンルの一つです。文化芸術振興基本法では「文化芸術活動を行う者の自主性が十分に尊重されなければならない」とされています。今回のあなた方の対応でいけば、後援を受けようと思えば作品の表現まで制限されることになります。

次に、吉岡斉・九州大学副学長（故人）が槍玉に挙げられます。

○**50番（中山郁美）**〔……〕次に、理由の2点目について。ここでは、ジョイント企画として予定されていた、核戦争防止・核兵器廃絶を求める福岡県医師・歯科医師の会総会の記念講演の講師である吉岡斉九大大学院教授が脱原発をしなければならないと主張されている基本的立場だからということを先ほど問題にされました。

吉岡教授の過去の発言を調べ、脱原発という思想や基本的立場を問題にしたということですね。お尋ねします。

○**総務企画局長（中村英一）** お尋ねの講演会につきましては、その趣旨や内容が不明であり、講師の方の講演につきましても仮の演題のみでございましたので、申請者に確認いたしましたところ、内容については把握していないとのことでありましたので、当方で調査し、判断材料とすることについて申請者に意向を打診したところ、異存がございませんでした。このため、当方で調査を行い、講師に関する情報を確認したものでございます。その結果、講師の方の基本的立場として、脱原発をしなければならないと主張されていると判断いたしましたので、特定の主義主張に立脚している内容が含まれると判断し、名義後援に関しまして不承諾理由の一つとしたものでございます。以上でございます。

○**50番（中山郁美）** 要するに、この方の思想や基本的立場を調べ上げて、これを後援しない理由にしたと。これは、憲法が何人にも保障している思想、信条の自由を侵す重大問題だということを指摘しておきたいと思います。

しかも、これは戦争展そのものでなくてジョイント企画、つまり関連行事で講演される講師ですよ。平和のための戦争展そのものではないんですね。その方の基本的立場を理由に、戦争展そのものの名義後援を拒否したということです。

70年前、長崎で被爆をして、核兵器廃絶と平和への願いを漫画という芸術を通して市民に訴え続ける漫画家、西山進さん。きょうも傍聴にお見えですよ。市長、あなたは、この方の思想と作品を裁いた。吉岡教授については、原発による被害を二度と繰り返してはならないと、政府の要請に応えて、東京電力福島原子力発電所における事故調査・検証委員会の委員、これを務められてきた方ですよ。この方のこれまでの発言や思想を裁いた。

ここにみられる福岡市側の発想が恐ろしいのは、吉岡さんが当日の名義後援の企画ではなく、関連行事での講師だったという点と、もう一つは、今回の企画そのものでの発言ではなく過去の吉岡さんの発言から吉岡さんの「基本的立場」、つまり思想が調べあげられて、それを理由に拒否がされているという事実です。

普段はどういう役職や主張であろうとも、その講師がＴＰＯをわきまえて喋る内容をコントロールすることはできるはずです。しかし、福岡市は過去の発言から、思想を問題にしたのです。

百田尚樹さんの講演会はスルー

福岡市はすべての後援イベントについてこんな検閲まがいのことをやっているのでしょうか?

実は、百田尚樹さんが福岡市で講演をして、その名義後援を福岡市から受けています。百田さんと言えば、そう、小説家であるとともに、今やすっかり有名な右派の論客ですよね。

○**50番(中山郁美)**〔……〕次にお尋ねしますが、昨年の5月26日、アクロス福岡シンフォニーホールにおいて、福岡・文化振興会が企画した百田尚樹氏の講演会が行われました。経済観光文化局が所管し、名義後援しました。百田氏の基本的立場や思想について言うなら、南京大虐殺はなく、従軍慰安婦はうそだ、日本はアジア諸国を侵略した、これは大うそですなどと発言されている立場です。この立場は、国民的には議論になるところです。しかし、これは文化事業だから、作家としてのこの方の主張や政治的立場まで踏み込んで事前に調べることはしなかったし、問題にもしな

かった。だから、名義後援できたんでしょう。経済観光文化局長の答弁を求めたいと思います。

○経済観光文化局長（重光知明） 文化振興事業に関する後援名義の使用承諾につきましては、申請者から提出されます申請書などによりまして、使用承諾基準を満たしているかどうか審査をいたしているところでございます。

お尋ねの講演会につきましては、申請者がほぼ毎年、定期的に文学作品の作家等を招き、その著書などをテーマにした講演会等を開催している文化団体であり、これまでの実績もございますこと、また、映画化やテレビ化もされ、広く話題となりました「永遠の0」という文学作品についての講演会であり、その著者を招き、日本人の心、生き方等を語っていただくという内容でありましたこと、そして広く一般市民を対象としたものであることなどを確認いたしまして、市民文化の振興に資するものと判断をし、後援名義の使用を承諾したものでございます。以上でございます。

○50番（中山郁美） ちょっとね、いろいろ言われましたけど、確認しますけど、この百田尚樹氏の思想とか基本的立場をあなたたちは調べてないでしょう。調べたんですか、答えてください。

○**経済観光文化局長（重光知明）** おただしの内容が、具体的に、この方についてどのようなものかは、その時点で確認したかどうかについては、今ちょっと申し上げられません。

確認をいたしましたのは、先ほど申し上げましたとおり、内容につきましては、映画化やテレビ化もされ、広く話題となった「永遠の0」という文学作品についての講演会であり、その著者を招き、日本人の心、生き方等を語っていただくという内容でありましたこと、この内容は確認いたしております。

○**50番（中山郁美）** これね、調べてないんですよ。

〔……〕

○**経済観光文化局長（重光知明）** 失礼いたしました。私ども、使用承諾をいたすかどうかにつきましては、提出されました申請書など、あるいは添付文書などに基づきまして判断をいたしておりまして、その中に、先ほど先生がおただしのような内容は入っておりません。したがいまして、そういった内容については判断をいたしておりません。以上でございます。

確認しておきますが、百田さんが実際に今回の講演で何を喋ったかとか、そこは問題ではないのです。

吉岡さんと同じように、事前のチェックを念入りにしているかどうかなのです。議事録を見ると、局長はすっとぼけようとしたのですが、追及が激しくて、答弁をやり直させられています。

百田さんはノーチェック。「平和のための戦争展」は厳しく思想チェック。これが福岡市がやっていることでした。

財界や産経新聞もノーチェック

「平和のための戦争展」を企画した団体は翌年（2016年）も申請し、取消にあっています。このときも議会で論戦されています。その議事録を見ると、「百田さん的なものへはノーチェック」はくり返されていることがわかります。[5]

○**50番（中山郁美）**〔……〕具体的に聞きますが、昨年12月、市は福岡市役所退職者の会、芙蓉会が行った講演会の名義後援をしています。講師は田村秀男氏、産経新聞社特別記者・編集委員ですが、この方は「消費増税の黒いシナリオ」というみ

5　以下のやりとりの引用は、2016年福岡市議会第4回定例会（9月12日）の議事録より。議長の発言は省略した。

ずからの著書の中で、アベノミクスのもとでの消費税10％増税反対を主張しておられます。この方の主張は、あなた方の言う特定の主義主張には当たらないんですか。

○**総務企画局長（中村英一）**　一般社団法人福岡市芙蓉会は、福岡市退職職員を会員として構成されておりますが、お尋ねの講演会につきましては、会員が社会の時事問題の把握に努め、社会の発展に寄与していくことを目的として開催されたものであり、経済に関する観点から、中国マネー、爆買いの効果、TPP等を事例としながら、ジャーナリストの視点から時代の変革期にあるという内容で構成されているものでございました。

名義後援の承諾に当たりましては、事業の内容等により判断を行うものとしておりますが、特定の主義主張にとらわれない内容により、広く一般市民も参加対象として開催されたものであったことから、高齢者が社会において活躍されることは福岡市の行政施策にも寄与するものであるため、名義後援を行ったものでございます。

以上でございます。

○**50番（中山郁美）**　もう一つ聞きますが、市が名義後援した昨年7月の九州未来会議ｉｎ唐津というイベント、これは元ＪＲ会長の石原進さんが実行委員長を務めたものですが、この申請添付書類の中に、未来を拓くという文書があり、その中に次のような記載があります。よく聞いてくださいよ、局長。オブラートに包まれた利己的な個人主義を価値観とした現憲法。日本人としての誇りを取り去った自虐史観、偏狭な社会主義思想、明治以来の廃仏思想云々、こういう記載があるんですね。これはあなた方の言う特定の主義主張には当たりませんか。

○**総務企画局長（中村英一）** 九州未来会議・in唐津につきましては、九州地域が我が国の経済社会を先導する魅力と活力に満ちた地域となれるよう、30年後のあるべき姿を考えることを会議の開催趣旨として、九州の経済界を中心に、行政、大学などの多くの関係者が参加し、人材育成や基幹産業づくりなどが議論されるものでございまして、経済活動を初めとして九州全体、ひいては福岡市の活性化にも寄与するものであることから、九州経済産業局などの国の機関や大学、九州の全ての県を含む多くの自治体など、30を超える団体とともに名義後援を行ったものでございます。

御指摘の記述につきましては、会議の主催者である九州経済フォーラムから平成27年度の名義後援の申請が行われた際、参考に添付されていた平成26年度の配付資料に含まれていたものであり、名義後援の判断に当たり、平成27年度もこうした記述がある資料を配るのか確認したところ、そのような資料は配付しない旨を確認したものでございます。以上でございます。

○50番（中山郁美）　苦しい答弁されますけどね、おかしくないですか。昨年の戦争展の名義後援を拒否した際、関連行事の講師の過去の発言や考え方まで調べ上げて、脱原発だからということを理由の一つにしたではないですか。

財界・産経的なものものノーチェックです。

いや、ノーチェック、結構。それでいいのです。

むしろそれこそが当たり前なのです。

「材料探し」に血眼のあまり市長が謝罪するハメに

実はこの問題に関しての高島宗一郎・福岡市長が謝罪に追い込まれている付随事件ともいうべきものが起きていて、その経過を見ると、福岡市がいかにこの「平和のための戦争展」の思想チェックの「材料探し」に血眼であり、どんなにずさんな審査をしてきたかがわかります。

この付随事件というのは、次のようなものでした。

福岡市は当初「平和のための戦争展」とは関係のない団体（反核医師の会）のホー

ムページを見て、それも後援拒否の理由としてあげていました。ところがそれは同展とはまったく関係のない団体で、あとで反核医師の会から抗議を受け、市長が謝罪に追い込まれていたのです。

市民団体主催の「平和のための戦争ふくおか」を巡り、福岡市から同展の関係団体として名義後援しない理由の一つに挙げられた「核戦争に反対する医師の会（反核医師の会）」（事務局・東京）は13日、「戦争展には全く関与していない」と高島宗一郎市長宛てに抗議文を送付した。市は事実誤認を認め「迷惑をかけて申し訳ない」としたが、「展示内容が名義後援にふさわしくないとの判断は変えないと拒否の姿勢を貫いている。[6]

問題があって調査を始めたのではなく、政治的意図が先にあり、材料を揃えることが自己目的化してしまったために、こんな無様なミスを起こしたのだと考えることができます。

6 「毎日新聞」2015年8月14日付

市職員が身分を隠して会場へ潜入

２０１６年の後援取消の際には、書類審査という慣例を破り、職員が身分を隠して展示に入り込み、写真を撮るなどして内容をチェックし、特定の主義主張に基づいていたじゃないかということで市は「虚偽申請」と決めつけて取消にしました。

○**50番（中山郁美）**　そこで、異例のことを行った。どのような手続を行ったのか、確認をしていきたいと思います。

まず、戦争展会場に調査に行ったとされる日付、担当職員の職名、命令したのは誰か、そして、そもそも何のために調査に行ったのか、答弁を求めます。

○**総務企画局長（中村英一）**　当該催事につきましては、主催者から見に来てほしいと言われたこと、複数の市民から、戦争法廃止、原発要らないといった偏った内容の展示があるなどの問い合わせやクレームを受けたこと、同様の報道があったこと、また、昨年の経緯もございますことから、総務企画局総務課長の指示により、催事内容を確認するため、８月25日は総務係長及び係員、27日は総務係長、28日は総務係員が会場に行っております。以上でございます。

○**50番（中山郁美）**　一旦名義後援したのに、現地では写真を撮りまくって、展示物を細かにチェックするなど、戦争展にだけ特段の体制をとって調査しています。大体ですね、身分を明らかにして、市から調査に来たことを主催者に断って入ったんですか、お尋ねします。

○**総務企画局長（中村英一）**　8月25日に展示物を確認した際には、受付においていたしておりません。

写真撮影の承諾はいただきましたが、福岡市の職員として訪問したことはお伝えをいたしておりません。27日の講演会では受付名簿に氏名を記帳いたしております。以上でございます。

○**50番（中山郁美）**　なぜ市役所から来たというのを明らかにしないで展示会場に入ったんですか。

○**総務企画局長（中村英一）**　開催期間中でもあり、催事に配慮いたしまして、市職員が確認に行ったことについて、主催者も含め、積極的に公にすることを控えたものでございます。以上でございます。

○**50番（中山郁美）**　下手な言いわけはだめですよ。やり方が卑劣です。命令に基づいて担当職員が職務の一環で調査に行ったのに、全て秘密で調べ上げた。おかしいでしょう。このような現地調査は名義後援を決定したもの全てに行っているんですか。

○**総務企画局長（中村英一）**　名義後援を承諾した催事につきましては、市民等からの連絡などにより申請内容と異なる内容が含まれている可能性があると認識された場合や、過去に申請内容と異なる展示がなされた場合などに実施状況を確認しております。以上でございます。

○**50番（中山郁美）**　なぜこの戦争展だけ特別に調査したのか、もう一度お答えください。

○**総務企画局長（中村英一）**　現地確認につきましては、複数の市民から、戦争法廃止、原発要い《ママ》らないといった偏った内容の展示があるなどの問い合わせやクレームを受けたこと、同様の報道があったことなどから実施したものでございます。以上でございます。

○**50番（中山郁美）**　複数と言われましたが、何人の市民からか、お答えください。

○**総務企画局長（中村英一）**　今、手元に資料がございませんので、正確な数字は申し上げられません。以上でございます。

○**50番（中山郁美）**　一人でもそういう苦情をすれば、あなたたちは調査に行くんですかね。産経新聞も確かに報道しましたからね。こういうのをいいことに、ここだけ狙い撃ちしたということではありませんか。

○**総務企画局長（中村英一）**　先ほども申し上げましたが、名義後援を承諾した催事につきましては、市民等からの連絡などにより申請内容と異なる内容が含まれている可能性があると認識された場合や、過去に申請内容と異なる展示がなされた場合などに実施状況を確認いたしております。今回、複数の市民から、戦争法廃止、原発要らないといった偏った内容の展示があるなどの問い合わせやクレームを受けたこと、同様の報道があったことなどから、申請内容と異なる内容が含まれている可能性があると認識いたしましたので、実施したものでございます。以上でございます。

職員が身分を隠して会場に潜入し、写真を撮ります。職員が持ち帰ったその写真を必死になって見ながら、「特定の主義主張」の部分を選び出して「根拠」にしています。

わずか3％足らずの部分を問題視

そして、そうやって調べ上げた部分のうち、どれだけのものが「特定の主義主張に立脚」していたのでしょうか。

○**50番（中山郁美）**〔……〕別の角度で聞きますが、あなた方の言う特定の主義主張が全体の展示の中に一つでも含まれていればだめだということなんですか。

○**総務企画局長（中村英一）**　ことしの戦争展は、昨年と異なり、展示内容に特定の主義主張に立脚した内容は含まれないという説明がございましたので、名義後援を承諾したものでございます。しかしながら、複数の市民から、戦争法廃止、原発要らないといった偏った内容の展示があるなどの問い合わせやクレームを受けたこと、展示会を確認に行ったところ、実際に特定の主義主張と認められる展示があり、このような主義主張を福岡市が支持していると見られ、行政の中立性が損なわれることになると判断し、名義後援の承諾を取り消したものでございます。以上でございます。

○**50番（中山郁美）**　ごちゃごちゃ言われるので、具体的に聞きますが、戦争展の展示物全体の中で、あなた方の言う特定の主義主張に当たらない、問題ないものはどのくらいあったんですか。

○**総務企画局長（中村英一）**　繰り返しになりますが、今回は主催者の申請を信じて名義後援を承諾したにもかかわらず、実際には申請内容と異なり、特定の主義主張と認められる展示があったため、名義後援の承諾を取り消したものでございます。

なお、不承諾事由に当たる個々の展示物の割合いかんのみをもって後援の可否を判断するものではございません。以上でございます。

◯**50番（中山郁美）** 今の答弁だとね、一つでもあったらあなた方はだめという、そういう答弁ですよ。全体の展示品の数は約250点です。当局から事前に受けた説明によると、問題にされた展示は7点ですよ。250点の中からわずか7点、2・8％を見つけ出して、企画そのものが何か問題があるかのように描き出して後援を取り消した。でたらめな判断、対応ではありませんか、御所見を伺います。

◯**総務企画局長（中村英一）** 何度も申し上げますが、主催者にはこれまで審査基準等を十分説明しており、事前の確認においても特定の主義主張は含まれないとのことであったため名義後援を承諾したにもかかわらず、実際の展示内容に特定の主義主張に立脚した内容が含まれていたことは申請が虚偽であったと言わざるを得ず、取り消したものでございます。以上でございます。

◯**50番（中山郁美）** 極めて意図的です。

「割合」じゃない、一つでも問題があればそれを口実に取り消しができる。写真を撮って250点の内容を細部にわたって必死でチェックし、これは使えない、これも使え

ない、……あった！　ここなら潰す口実になる！　……そういうことに血道をあげている役人の姿が思い浮かびます。そんな特高警察まがいのことをするために、あなたは公務員になったのですか？　と言いたくなります。

「特定の主義主張に立脚」しないものなんてあるのか

福岡市が答弁の中で繰り返している「特定の主義主張に立脚」とは何でしょうか。「特定の主義主張に立脚」していて偏っているから、市は「中立」でなくなり、名義後援ができないんだ、という理屈です。

しかし、ちょっと考えてみてください。

そもそも「特定の主義主張に立脚」していないものなどないですよね？

「生ゴミのコンポスト化を進めましょう！」という講演会だって「特定の主義主張に立脚」してます。

さらに福岡市が持ち出すのは「国政レベルで国民的な議論が存するテーマ」（72頁参照）という独特の理屈です。国全体が真っ二つに割れるような問題の一方の側に立ったら、中立性を失ってしまう……本当でしょうか。

それはどこで線引きされるのでしょうか。与党と野党がある以上、多くの問題は「国政レベルで国民的な議論が存するテーマ」ではありませんか。そして、それは民主主義社会の健全な証でもあります（以下は前掲の2015年の質疑）。

○**50番（中山郁美）**〔……〕具体的に聞きますが、例えば、憲法を守りましょう、こういう集会が企画されて、後援申請が出たとしたら、どうされますか。

○**総務企画局長（中村英一）**　憲法など国政にかかわるテーマの催事におきましては、過去の事例からも、政治的な立場や特定の主義主張がなされる可能性が高いため、行政の中立性を保つ観点から、慎重に判断することになると考えておりますが、申請される催事ごとに催事の趣旨や全体としての内容が所管する業務の行政目的に合致していることを前提といたしまして、その内容に特定の主義主張に立脚するものや特定の宗教を支持するものが含まれていないか、営利を目的としていないかなどを審査し、福岡市の後援名義の使用が妥当かどうかを総合的な観点から判断することになると考えております。

したがいまして、憲法を守ろうという集会のテーマだけでは、名義後援の可否を判断することはできないものと考えております。以上でございます。

○**50番（中山郁美）**　恐ろしい発想ですよね。憲法は国の最高法規ですよ。全ての法律は、これに基づいてつくらないかん。しかも、公務員には99条で憲法遵守義務が課されています。これに合致したものを後援しないというのは、これは地方公務員法にも、あなた方は触れる行為ですよ。全くおかしい、大問題です。

もう一つ聞いてみますが、マイナンバー制度についてですね。今、国は導入しようとしていますが、日弁連の会長さんが反対声明を出されるなど、国民の中では実施反対の意見も多く、いわば国論は二分されています。

マイナンバー制度を大いに活用しよう、こういうテーマの企画なら後援しますか。

○**総務企画局長（中村英一）**　先ほども答弁させていただきましたとおり、名義後援につきましては、申請される催事ごとに催事の趣旨や全体としての内容が所管する業務の行政目的に合致していることを前提といたしまして、その内容について個別具体的に審査いたしますので、マイナンバー制度を活用するという集会のテーマだけでは、名義後援の可否を判断することはできないと考えております。以上でございます。

ここで指摘されている通り、「国政レベルで国民的な議論が存するテーマ」かどうかは、あらかじめ外形的にほとんど判断することができないのです。

一見そう見える問題でも、あるいは一見そう見えない問題でも、市が「総合的に判断」して、これはダメだと言ったらダメになってしまうのです。

もちろん、行政裁量というのは、ありえます。法律で細かいルールを示すことは無理だからです。

しかし、この福岡市の判断は本当にひどい。「国政レベルで国民的な議論が存するテーマ」といいながら、中身はほとんど具体的なものはありません。「総合的に判断」「全体としての内容」「個別具体的に判断」などという言葉が並んでいて、ガバガバ。どうにでも解釈できるシロモノです。

このように「行政は中立でなければならないから、一方の表現や言論には肩入れできない。だから偏った表現や言論は支援しない」という基準を間違って考えると、限りなく検閲になっていってしまいます。

「一方の主張は支援しない」は他方への支援の可能性

「梅雨空に『九条守れ』の女性デモ」と詠んだ俳句の公民館だよりへの掲載をさいたま市が拒否した「九条俳句事件」で、不掲載は違法という判決が最高裁の決定を経て確定しています。

公民館（市）側はその俳句を掲載すると、「公民館の考えと思われるからダメ」と述べたとされ、また裁判でも「ある事柄に関して意見の対立がある場合、公民館が一方の意見についてのみ発表の場を与えると、一部を優遇・冷遇することになり、公平性・公正性を害する」というむねの主張をしました。

福岡市の「国論二分」論ととてもよく似ていますよね。

これに対して、判決（東京高裁）は、

> 本件句会の名称及び作者名が明示されることになっていることからすれば、本件たよりの読者としては、本件俳句の著作者の思想、信条として本件俳句の意味内容を理解するのであって、三橋公民館の立場として、本件俳句の意味内容について賛意を表明したものではないことは、その体裁上明らかであるから、本件俳句を本件たよりに掲載することが、直ちに三橋公民館の中立性、公平性及び公正性を害するということはできない。[7]

としました。句会や作者名が書いてあるんだから、市（公民館）の主張じゃないってすぐわかるよね、っていうことです。

要するに、「市の立場と誤解される」というのなら、「市の立場ではない」と書けばそれで終わりなのです。誤解など生じようがありません。

さらにこの元になった地裁の判決では

本件俳句を本件たよりに掲載しないことにより、三橋公民館が、憲法9条は、集団的自衛権の行使を許容するものと解釈すべきとの立場に与しているとして〔……〕行政に対する信頼を失うことになるという問題が生じるが……この点について何ら検討していないものと認められる。[8]

としています。「国論を二分している一方の主張がある場合は支援しない」という論法では、逆の偏り（他方を支持しているように見える）が生じてしまうことをマジメに検討してませんね？と批判しているのです。

どちらの立場でも支援してこそ市民の活動は活発に

そもそも、公の施設を貸したりするような場合には、行政の中立という問題は極めてクリアなはずです。右翼的な考えだから施設を貸さない、左翼的な考えだから施設

7 2018年5月18日　東京高裁判決
8 2017年10月13日　さいたま地裁判決

を貸さない、ということではなく、市民であれば誰でも貸すべきです。

前出の志田教授は次のように述べています。

> 行政が中立を保つ本来の理由は、一般市民の「自由」を一定の政治的見解や価値観へと囲い込まないことにある。「政治的中立」とは、この線引きを政治（公権力）担当者の側が守ることを意味する。このことは、公民館の利用についてはわかりやすい。公民館は、みずから企画を立てるわけではなく、利用者の利用の内容を質の面から選別することもなく、集会の場を提供する。このときの政治的中立性は、受動的な立場に徹すること、である。[9]

以上は、支援を受けずに、ただ場所の提供を受けるだけの場合です。

行政から支援を受ける場合については、すでに紹介した通りですが、何らかの選別が行われます。しかしそれは、文化芸術基本法の考えにそって、表現の自由には踏み込まないことが必要で、多くの場合は専門家によって選定をまかせて行政はその中身には口を出さないようにします。それは大学の自治をテコに、学問の自由を保障しながら大学に公金を出すのと同じです。

支援を受ける場合でも、支援を受けない場合でも、「行政の中立」という考えは共通していることがわかると思います。

つまり、「右」であろうが「左」であろうが、大いにやればいいのです。もちろん百田さんの講演でも。

どのような政治主張の団体であっても、様々な立場の活動を市が「後援」することで、言論や表現は活発になるのではないでしょうか。だからこそ、自治体が立場を問わずに応援する意味があるのです。

それなのに細かな内容や団体の立場を粗探しして、少しでも「偏った」ものがあれば「後援」をしないようにしてしまう、要するに徹底して「人畜無害」（行政から見て）なものだけお墨付きを与えるようにすると、社会にタブーを生み出し、自由な言論や表現を停滞させてしまいます。

9 志田陽子「芸術の自由と行政の中立」／『議会と自治体』第258号（2019・10）、47頁

Ⅳ 「宇崎ちゃん」献血ポスター事件を考える

さて、ここまで「あいトリ」事件にかかわって「表現の自由」について考えてきました。

「実際に表現を見る機会を大事にしよう」「行政の中立性とはいろんな立場の表現を保障した上で、その中身にできる限り手を突っ込まないことだ」――こうした趣旨の話を書いてきました。

ここまでなら「そうだそうだ」と納得していただける方も多いのではないでしょうか。特に、左派やリベラルという陣営に属している人たちは（そしてぼくも左翼の一人です）。

ところが、問題が性表現やヘイトスピーチに及んだ場合、このスタンス――「実際に表現を見る機会を大事にしよう」「行政の中立性とはいろんな立場の表現を保障した上で、その中身にできる限り手を突っ込まないことだ」を保っていられるでしょうか。「女性を性的に消費する表現は女性蔑視であり撤去されるべきだ」「他の民族や人種をバカにするような表現に対しては、行政は積極的に規制すべきだ」となるでしょうか。

青山学院大学の高佐智美教授（憲法、国際人権法）は次のように語っています。

表現の自由は、自分にとって好ましくない異論も認めるもので、ある意味「面倒くさい自由」です。多くの市民が素朴な感情に従って排除してしまう傾向がある。世論を誘導する権力者に足をすくわれないためにも、一歩踏みとどまって、異論に対し耳を傾け対話する、寛容さと理性を持たなければなりません。異論を認めないことは、自分の意見も排除される危険を認めることですから、表現の自由を認めることで、自分の自由も確保されます。[1]

「自分にとって好ましくない異論」として、「女性を性的に消費する表現」「女性をバカにした表現」を「認める」べきかどうか――次にこの問題を考えていきたいと思います。

「巨乳」を強調したポスターが「炎上」

丈さんというマンガ家のコミック『宇崎ちゃんは遊びたい！』の主人公「宇崎ちゃん」を使った献血ポスターとそれをめぐっての太田啓子弁護士のツイートが「炎上」しました。2019年10月のことです。

日本赤十字社が「宇崎ちゃんは遊びたい」×献血コラボキャンペーンということでこういうポスターを貼ってるようですが、本当に無神経だと思います。なんであ

1 「しんぶん赤旗」2019年11月3日付

写真：日本赤十字社が作成した「宇崎ちゃん」のクリアファイル。
ポスターにも同じ絵柄が使われている。撮影：紙屋

――えてこういうイラストなのか、もう麻痺してるんでしょうけど公共空間で環境型セクハラしてるようなものですよ[2]

こうした「炎上」は実は初めてではなく、繰り返されてきました。

その中身は、ポスターなどに使われている女性のイラストが女性蔑視的である、もしくは女性を一面的、特に性的な部分を不当に強調する形で描かれているという批判が行われ、それに対して、再批判が行われるというのが、いつもの「炎上」の構図です。

太田弁護士のツイートは何が問題かを詳しくは論じていませんが、おそらく宇崎ちゃんの「巨乳」強調のイラストが「無神経」であり「公共の場での環境型セクハラ」であるからという理由で日本赤十字社に何らかの苦情を言ったものと思われます。

これに対するツイッターなどのネット上のコメントを見ますと、「あいちトリエンナーレ」の騒動と重ね合わせて、これも表現の自由に対する攻撃ではないのか、という意見がけっこう目立ちました。

ちなみに、『宇崎ちゃんは遊びたい!』はいわゆる「エロマンガ」ではありません。主要な登場人物は「宇崎ちゃん」(大学2年・女)と「先輩」(大学3年・男)で、「宇崎ちゃ

2 https://twitter.com/katepanda2/atus/1183729350207623169

ん」が「先輩」に、言葉でウザいカラミをするというマンガです。しかし「宇崎ちゃん」が「巨乳」であるという設定に加えて、不必要と思われるまでに「先輩」に絡むことで、ぼくなどは、当たり前のように「あ、宇崎ちゃんは先輩のことを憎からず思っているんだな」という性的な空気を感じてしまいます。まあ、それはとりあえず措いておきます。

ポスターだけではそのようなストーリーはわかりません。「宇崎ちゃん」というキャラクターだけがそこには見えます。太田弁護士が批判したくなったのは、やはり「巨乳」が強調されていたということでしょう。

そもそもの問題として、「巨乳」を強調したイラストを大勢の前に掲示するのは女性の人権を侵すこと、「環境型セクハラ」になるのでしょうか。

結論から言えば、「環境型セクハラ」＝法令上の人権侵害とは思えません。しかし、女性を性的な存在とのみみなし、部分化・パーツ化した存在とみなす意識を強化するかもしれません。ただ、どんな虚構作品でも政治的にみて公正でない意識を強化する可能性はありえます。そして、その不公正を批判する意見を述べることはありうる、ということ――これが、この問題についてのぼくの結論です。

そこで問題を一つひとつ見ていきます。

「環境型セクハラ」か

まず、「環境型セクハラかどうか」という問題です。

太田弁護士がツイートした「細かい部分」にこだわっているように思われるかもしれませんが、後でも述べるように、法令違反かどうかはこの問題ではとても大事なポイントです。

麻生太郎財務大臣が「セクハラ罪っていう罪はない」と言って厳しい批判を浴びましたが、それ自体は「正しい」ものです。閣議決定でも「現行法令において、『セクハラ罪』という罪は存在しない」と明確に述べています。[3]

しかし、だからこそ、多くの国民はこのような事態を批判し、セクシュアル・ハラスメント（性的嫌がらせ）を違法なものにしようと声をあげ、それを違法なものであると規定したILO（国際労働機関）第190号条約「仕事の世界における暴力とハラスメントの除去に関する条約」を日本も批准しようではないかと声をあげています。

3 政府答弁書、2018年5月18日

この条約では、ハラスメントは「人権を侵害し、あるいは人権を損なう可能性」があるもので環境型セクハラはその一形態であり、働く人の人権を侵す（可能性がある）としています。

「献血ポスターの話は職場に貼ってあるポスターの話じゃないだろ」というツッコミがあると思います。それはまったくその通りです。

それで終わってもいいんですが、あえてもう少しだけ続けます。

同条約第3条では職場だけじゃなくて「（f）往復の通勤時」というのも入っています。つまり往復の通勤の時にこういうポスターが貼られていたとしたらどうでしょうか。かなり無理のある設定ですが。

環境型セクハラでよく例にあがるのは「ヌードポスター」の例です。[4]

厚生労働省の事業主用啓発パンフから引用してみましょう。

「環境型セクシュアルハラスメント」とは

労働者の意に反する性的な言動により労働者の就業環境が不快なものとなったため、能力の発揮に重大な悪影響が生じるなどその労働者が就業する上で看過できない程度の支障が生じることです。

●典型的な例

――……事務所内にヌードポスターを掲示しているため、その労働者が苦痛に感じて業務に専念できないこと。[5]

では、例えば、「上目遣いにアヒル口で媚びている女性のポスター」はどうでしょうか。「女性を男性に媚びる存在として強調しており、女性の尊厳を侵している」ということから「苦痛であり仕事に集中できない」という訴えがあったら、それは「環境型セクハラ」と言えるでしょうか。

「いやあ、言えないだろ」と感覚的に思うのではないでしょうか。

つまり「ヌードポスター」から「上目遣いにアヒル口で媚びている女性のポスター」までの間に「水着の女性」「服を着てはいるが、あられもないポーズをしている女性」「巨乳で服を着ている女性」など様々なバリエーションがあります。

そして、「『服を着て、巨乳を強調している女性のイラストが掲示されているポスター』が通勤途中にある」というだけでは、法的な意味では「環境型セクハラ」と言えない

4 「事業主が職場における性的な言動に起因する問題に関して雇用管理上講ずべき措置についての指針」平成18年厚生労働省告示第615号、最終改正：平成28年8月2日厚生労働省告示第314号
5 https://www.mhlw.go.jp/general/seido/koyou/danjokintou/dl/120120_05.pdf

（条約による国内法が仮に整備されたとして、このイラスト掲示をハラスメントと断じることはできない）のではないでしょうか。

何をもって「ハラスメント」とするか、社会的な風潮、その職場での状況、人間関係などで決まるものですから、一概に言いにくいのですけれども、社会的にこれを「能力の発揮に重大な悪影響が生じるなどその労働者が就業する上で看過できない程度の支障が生じる」ものとするのは難しいでしょう。

「不快」を感じる人にとっては、通勤途中ではなく、職場に貼ってあったら「不快」さの度合いはさらに増すと思いますが、それでもやはり「セクハラ」と断じるまでは難しいのではないでしょうか。

したがって、太田弁護士のいうような「環境型セクハラ」とまでは言えない、というのがぼくの結論です。

表現の自由に制約を設ける場合、その表現自体が違法になるかどうかは大事な線引きです。違法になるというのは、他人の人権を侵していたり、何か重要な他人の利益を侵しているからです。例えば、医師が役所に出す診断書にウソを書いて出す場合、それを「表現の自由だ」というわけにはいきません。刑法で虚偽診断書等作成罪というのがあって、罰せられます。[6]

だからこそ、太田弁護士があたかも法令に違反するものであるかのようにこのポスターを「環境型セクハラ」と言ったことについては、つぶさに調べてみる必要があるのです。

まず、「環境型セクハラ」とは言えないということです。

女性の性的モノ化

しかし、たとえ「セクハラ」ではないとしても、「だから何も問題はない」と言えるでしょうか。

太田弁護士は、これまでにもこうしたポスターやコミックを様々な形で批判してきました。

その際、太田さんの言いたかったことは、わりと一貫していると思うのですが、〝個別女性の多くは豊かな全体性を備えた一人の人間であるのに、それを「巨乳」＝胸だけ強調して性的なパーツのように扱い、部分化された、性的な存在・対象としてのみ扱うことは、女性全体の尊厳を傷つけるもので、多くの男性（女性や他の性を含めた）

6 もちろん、法律を最初から「与えられた正しいもの」と考えることもまたおかしな話です。戦前の有名な弾圧法である治安維持法がもし今もあったとしたら、それに引っかかるビラを撒いたからといって「違法だから仕方ない」と考えるわけにはいきません。

の女性観に歪みをもたらす〟ということなのではないかと思います。たぶん。太田弁護士の気持ちを「忖度」して言えば。

平たく言えば、「女はおっぱいだよ！」というような見方・考え方、あるいは女性をすぐセックスや性と結びつけて見てしまうような見方・考え方を助長してしまうという話です。

法的にみてアウトではないものの、政治的には公正ではない、ジェンダーの加圧を高くするものだ、というのがおそらく太田弁護士の主張です。

このことはもう少し解説が必要だと思いますが、それは後でします。

ぼくはこの種の性的なコンテンツを「楽しんでいる」一人として、この太田弁護士の主張は聞いておくべき・受け止めておくべき警告と考えます。

虚構だからいいのか

「女はおっぱいだよ」「女を見たらすぐセックスとか考えちゃう」という見方をしたっていいんです。だってそれは、虚構、つくりごとですから。「宇崎ちゃん」は虚構の人物であり、性的パーツ化を「楽しんで」おけるのは虚構の領域だけなのです。

でもそうやって、「楽しんだ」時間は、そのときだけです。マンガを閉じたら忘れてください。現実に持って帰らないでください。1グラムも。

はいはい、わかってますよ。現実と虚構の区別はちゃーんとついてますから。大人ですから。

……と言いたくなるのですが、実はきっぱりそう言い切れる自信がありません。そういう虚構コンテンツがひょっとしたら、ぼくらの現実の意識の中にこっそりと侵入して、女性への偏見・誤解を広げるかもしれません。

現実生活に帰ったとき、ぼくらは例えば職場の女性をすぐ「性の対象」と見てしまう見方がまったくないと言い切れるでしょうか。あるいはその気持ちが「宇崎ちゃん」というコンテンツによって強化されたりしてはいないでしょうか。

そういう可能性についてもきちんと認識すべきなのです。

あらゆる虚構表現は政治的不公正を含んでいる

しかし、同時にこうした政治的公正さから外れたもの、いわばポリティカル・コレクトネス（政治的な正しさ）を備えていないと思われるものは、性的なテーマだけには限りませんよね。まさに無限に存在します。家族、戦争、犯罪、宗教、暴力、年齢などなどです。そうした虚構で「楽しんで」きて、現実に帰ってきたときに、少しも影響を受けていないとは言い切れないはずです。「性的コンテンツは注意しないといけないけど、暴力についてはスルーしていい」とかそんなことはないですよね。そうした無数の警告の一つひとつに、どれくらいの注意の資源を割けるかは、まさにその人次第なのです。

中川裕美さん（岐阜聖徳学園大学短期大学部非常勤講師）は「少女漫画とジェンダー」という新聞連載において『星の瞳のシルエット』『神風怪盗ジャンヌ』といった有名な少女マンガの中に、ジェンダー上の不公正がどのように忍び込んでいるかについて語っています。

例えば矢沢あいさんのマンガ『ＮＡＮＡ』については、「『父母が揃った家族』を唯一無二の『理想的な家族像』として描き、そこに育たなかった者を『普通ではない』とする」、「多様性のある家庭像を根底から否定する前近代的な家族観」と規定しています。[7]

まあ、この特徴づけに賛成するかしないかは別として、少女マンガにはある種のジェンダー上の不公正が忍び込んでいることは、非常によくあることです。

あるいは、政府が映画『宮本から君へ』に麻薬取締法違反で有罪となったピエール瀧さんが出演していることをもって、「国が薬物を容認するようなメッセージを発信する恐れがある」として助成金の不交付を決定しました（2019年10月）。

これが政府による不交付の理由として妥当かどうかということとは全く別に、作品の中にそういう不公正が入り込み、見る人にそういうメッセージを与えると主張することは、一般的にありうることです。

そして、もうまったくいま手近にあるだけだから例に挙げさせてもらうだけなのですが、たかぎ七彦さんの『アンゴルモア 元寇合戦記』というコミックがあります。ぼくはこの作品を「楽しんで」いますが、物語上の演出として、侵攻してきた元・高麗軍の残虐性は非常に強調されます。子どもを笑いながら殺すシーンから物語は始まります。そのことをもって、「元・高麗軍の残虐さを創作上過度に強調することが、モンゴル人・中国人・朝鮮人の民族性に対する偏見を助長する可能性がある」という批判も成り立ちえるでしょう。

つまり、創作物はほとんどのものが大なり小なり政治的不公正を含んでいるのです。どこかで誰かを傷つけていることは避け難いと言ってもいいでしょう。

7「しんぶん赤旗」2019年2月15日付

しかし、これにすべて対応して不公正を除去しようとすれば「政治的に正しいおとぎ話」になってしまいます。

『政治的に正しいおとぎ話』というのは、おとぎ話に出てくる女の子像や家族観などがしばしば「ジェンダー的に見て正しくない」「偏った家族のあり方を教えこんでしまう」という批判を受けて、それを皮肉で返す形で、「政治的にどこからもツッコミがないように正しくしたおとぎ話」に改造したという作品で、世にも奇妙な留保がつけられまくった作品に仕上げ直されています。

昔、赤ずきんという名前の若い女性が、お母さんと二人で、大きな森のそばに住んでいました。ある日、赤ずきんはお母さんからおつかいをたのまれました。

新鮮なフルーツとミネラルウォーターが入ったバスケットを、おばあさんの家にとどけるのです。それが女性の仕事だからでは、ありません。とても親切なことだし、共同体《コミュニティ》感覚も生んでくれるからです。

それに、おばあさんだからといって、病気だというわけでもありません。

おばあさんは肉体的にも精神的にも健康そのもので、自分のことは完全に自分でやれる成熟した大人だったのです。[8]

すべての不公正を除去しようとしたら、創作が成り立たないのです。

政治的不公正を無視してよいのか

かと言って、すべて無視することもどうでしょうか。

「不公正だ」という指摘に対して、作家と出版社は、それが実際に不公正かどうかを検証すべきでしょう。そして、その指摘や検証（議論）を受け止めて、そのままにしておくか、作品を修正するか、撤回するか決めればいいのです。そしてその態度に対して……という無限の連鎖が続きます。それが表現や言論の自由というものです。

「宇崎ちゃん」については「女はおっぱいだよな」的な見方、「女性は性的な存在・対象である」「女性は性的なパーツである」という見方を強化するおそれはあります。環境型セクハラではないが、不公正さが含まれていると思います。だからこそ、そうしたポスターに「これはジェンダー的に不公正ではないか」と意見を言うことはありえます。というか、言うべきです。

8 ジェームズ・フィン・ガーナー著、デーブ・スペクター、田口佐紀子訳『政治的に正しいおとぎ話』ディーエイチシー、1995年、12頁

もっとていねいに説明すべきではないのか

ぼくが思うのは、指摘する側（つまり太田弁護士）の「雑」さです。

「環境型セクハラ」という形で指摘すれば、「厳密に言えばそうではない」という批判が返ってくるのはわかりそうなものですし、そうなれば「環境型セクハラでないから、太田弁護士の主張は間違い！」で話が止まってしまって、〝女性は性的な存在であるというジェンダー上の不公正を助長する〟という肝心な部分が聞いてもらえなくなります。

「女性は性的な存在・対象である」という主張・メッセージがなぜ不公正か、ということも、いつでもていねいに説明する必要があります。

だって、わからない人、特にぼくのようなヘテロセクシャル（異性愛指向）の男性は、本当にわからないんですから。何を批判されているのかが。

「女性の性的消費は許されない」「女性を性的対象として見るな！」「性の商品化ではないか」――そんなふうにだけ批判してみても伝わらないのです。

性を「消費」してはなぜいけないのでしょうか。同じく性を「商品化」することはそれほどダメなことでしょうか。実を言えば、ぼくもこれらの批判は、よくわかりません。例えば、タレントとかアイドルというのは人格・キャラクターを商品化しているように思います。人格・キャラクターを「商品化」して「消費」しているのに、というか、事によるとこれらについては今回「宇崎ちゃん」ポスターを批判している人自身も楽しんでいるはずなのに、そちらはさして問題にもされず、なぜ性のことに話が及ぶと急に怒られるのでしょうか（くわしくはこの後ぼくなりの考えを書いています）。

「なぜ説明の手間を我々が取るのか？　自分で考えろ！」という主張をする人がいますが、ぼくはまったくそうは思いません。いくら虐げられた人であっても、社会運動をする側はいつでも理解が及ばない人にていねいに説明しなければ理解は広がりません。と、コミュニストの一人として思います。

「環境型セクハラ」というふうに言えば、法令上の違反であることをイメージさせ、ほぼ自動的にその表現を封じ込める力が生まれます。というか、生まれるかのように見えます。

ある表現を批判することは自由であり、旺盛にやるべきです。しかし、表現を消させることは慎重でなければなりません。「いま自分は一つの表現を取りやめさせるかもしれない」という自覚もなく、法令上のレッテルを、「便利な道具」のように扱われては困ります。

前述の憲法学者・志田陽子さんは、表現の自由の前提として次のように述べています。

……人類の発展には真理の探究がつねに伴ってきた。これを塞がず前進させていくためには、国が上から「正しい答え」を押し付けず、人々が自発的に切磋琢磨できる言論の場（思想の自由市場）が必要である。[9]

「思想の自由市場」というのは、「各人が自己の意見を自由に表明し、競争することによって、真理に到達することができる[10]」という考え方です。もともとアメリカの連邦最高裁のホームズという裁判官が「真理の最良の判断基準は、市場における競争のなかで、みずからを容認させる力をもっているかどうかである[11]」としたことにもとづくものですが、日本の表現の自由にも大きな影響を与えた理論です。

「思想の自由市場」というイメージからすれば、できるだけ規制せず、自由に流通させて、しかしその中で切磋琢磨して、価値のないものを淘汰していったほうがよいはずです。

一人ひとりの教育や啓発こそが大事

ヘイトスピーチ問題も同じです。

ヘイトスピーチ解消法はヘイトスピーチ（日本以外の出身者に対する不当な差別的言動）そのものを「許されない」（前文）としつつも、罰則による禁止や規制にはせずに、啓発や教育によって、つまり国民一人ひとりが「思想の自由市場」でよい「商品」を選び取る力をつけさせることで「解消」をめざしています。

仮に、これが将来規制法・禁止法になったとしても、基本的な構成は同じでしょう。本当にヘイトスピーチで民族的差別を扇動することが差し迫った危険であると認定された場合は、その行為に厳しく限定して、緊急避難で規制することがあるかもしれません。しかし、基本的には国民一人ひとりの啓発や教育に待つことが根本なのです。

それはどういうことなのでしょうか。

つまり「ヘイトスピーチはいかんだろ」という基準（規範）を国民一人ひとりが自

9 志田陽子「芸術の自由と行政の中立」／『議会と自治体』第258号（2019・10）、45頁
10 野村俊彦・中村睦男・高橋和之・高見勝利『憲法Ⅰ（第5版）』、有斐閣、2012年、352頁　11 同前

分の心の中に自然な形で持つようになることを意味します。

マンガや映画の中にある民族差別や性差別をしている表現、あるいはそういうニュアンスを持っている表現を、ポリティカル・コレクトネスによって批判することを、よく「ポリコレ棒で叩く」と揶揄されることがあります。マンガや映画のような創作は政治的な公正だけを基準にして描かれるのではなく、もっと豊かなものなのに、作品全体の豊穣さを無視して外側から持ち込んだ貧しい基準で作品をぶっ叩いていると いう批判です。

しかし、外側からポリコレ棒を持ち込むから、こういう批判が出てくるわけで、一番の解決は国民の内側に自然なポリコレ棒を備えること、ポリコレ棒を国民の内側にビルトインする（打ち立てる・確立する）ことが大切ではないでしょうか。この問題も重要な問題なので、後でまとめて論じることにしたいと思います。

表現を消すのではなく、批判して克服する

「思想の自由市場」という考えに照らしてみれば、安易に表現を抹殺してしまうのではなく、それを批判することによって克服していくことがこの問題での大道だと言え

ます。言い換えれば、表現そのものの存在を否定（展示取りやめ・撤去・公刊中止・回収など）することを求めるのは、相当慎重であるべきです。特に、左派やリベラルは「表現の自由」の価値を高く称揚しているだけに、安易に撤去や中止を求めるべきではありません。表現を消し去ろうという要求は、「平和の少女像」問題を見てもわかる通り、どちらかといえば右派に多い声だとは思いますが、ここでは期待を込めて（そしてぼく自身がコミュニストですから）左派やリベラルにあえて注文をつけておきたいのです。

ある人の表現に対して批評する権利は当然にあります。それを口にするのも自由です。もちろんその中身が、政治的公正さを求めることを動機にしていたとしても、です。そういう作品批評をぼくもよくやります。

そして、政治的公正さから表現を批評することはただ権利として存在するだけでなく、その角度からの批判が正鵠を射ている場合もあります。

だから、太田弁護士が政治的公正さの角度から、民間団体である赤十字（後述）にポスターについて意見を述べたこと自体は、間違っていないと思います。

ただ、もしも太田さんが単に批評・価値判断にとどめず、「表現そのものをやめろ（公刊したり発表したりするのをやめろ）」と意見を述べていたとしたらどうでしょう。

そのように要求することは権利としては存在するし、たとえ表現が法に触れていない場合であってもそれはありえます。言ったほうがいい場合すらあるでしょう（これはコラムで別途取り上げます）。

しかし、民間と民間との関係の中で言えば、その表現が政治的公正さから言って非常によくないものですよ、と伝えるだけですでに十分に役割は果たしているのではないでしょうか。あえて表現そのものをやめろ・撤回せよと要求して、その表現の存在を「抹殺」してしまう必要はありません。

ぼくは自民党の今の政治に批判的な立場をとっていますが、自民党がつくるポスターについて「戦争を正当化し煽るものだ」「ジェンダー上不公正だ」と仮にぼくが考えたとしても、それを「撤去せよ」とは、ぼくはあまり言いたくありません。

先に挙げた中川裕美さんは、『神風怪盗ジャンヌ』というマンガが処女信奉という不公正を忍ばせていると批判しました。『ジャンヌ』を無邪気に読んでそこで称えられている価値観をそのまま受け入れてしまう少女がいるわけで、ぼくに言わせれば『ジャンヌ』が少女に与える影響の方が、おそらく「宇崎ちゃん」ポスターより大きいでしょう。しかし、だからと言って中川さんは決して「だから『神風怪盗ジャンヌ』は絶版にすべきだ」とは要求しないはずです（いや、もししてたらビックリですけど）。

今回のケースで言えば、「宇崎ちゃんの巨乳の強調は、女性蔑視である。このポスターを私は支持しない」と表明し、赤十字に伝えればそれで終わり（目的を十分に果たしている）であって、「ポスターを撤去せよ」とまでいう必要はありません（太田さんがそこまで求めたかどうかは知りませんが）。

民間団体や民間企業にとっては、批判されること自体が、この表現を不快に思う人がいるのだなという単純な投票になり、その結果、その民間団体・企業は勝手にポスターの撤去・存続を判断するからです。

「公の場での表現」だからいけないのか？

次に、「公の場の表現だからいけない」という意見について考えておきます。

市民の批判を受けて、大勢の人がよく見るような表現（駅のポスターなど）を撤去することはあります。しかし、それはあくまで作家や民間団体の自主的な判断に過ぎません。作家や民間団体は表現の自由を行使して、表現を公表し続ける権利はあります。表現の自由はそれくらい重いものです。たとえ「公の場」であったとしても、「政治的な不公正があったから」という程度の理由で当然に撤去されるべきものだと批判する側が考えるのは、根拠がありません。

なお、「わいせつ」という問題がありますが、これはあとで考えます。

公的団体の場合は「表現の自由」はない

ちなみに、公的団体のポスターについてはどうでしょうか。

「日本赤十字社は国の関連機関ではなく、あくまでも独立した民間の団体[12]」です。なので、当然それは表現の自由の行使の主体となります[13]（出版社や政治団体が表現の自由の保護を受けるのは当たり前であるように）。

となれば、太田弁護士が赤十字にモノを言ったというのは、民・民での関係ということになります。市長や首相に請願して、権力行使させて、ある表現活動をやめさせようとしたわけではありません。

したがって、太田弁護士の行為はいかなる意味においても表現の自由の侵害ではありません[14]。

それでは、公的な団体のポスターを、公的団体に要請して撤去させる行為はどう考えるべきでしょうか。先に紹介した志田教授の次の指摘を読んでください。

——……「表現の自由」は、一般人に保障される自由である。「公」はこれを保障するための仕事をする側に立っている。〔……〕その一環として、自治体が「自然豊かな郷土」とか「非核都市宣言」とか「ヘイトスピーチは許さない」など、その自治体の価値観や政策方針を打ち出し、これを告知するための表現活動をおこなうこともできる。これを広めるために自治体の長がみずから発言することもできる。これは行政サービスの一環としておこなわれることであって、一般人と同じ「表現の自由」によるものではない。

憲法の言葉で言えば、「公」は、憲法尊重擁護義務のもとに、「自由」ではなく職務を進めるための「責任」として、さまざまな説明や啓発をおこなっている。公人が公人の立場において発言をするときには、この仕事の一環として発言をしていることになる。

とくに公人が、正当な権利を行使している人を指してその行為の価値を貶める発言をしたり、排斥的な発言をすることは、人権擁護のための責任（憲法尊重擁護義務）を負う公職として、慎むべき事柄である。[15]

---

12 日本赤十字社大阪府支部 https://www.osaka.jrc.or.jp/qa/　13 赤十字は日本赤十字社法という法律にしたがい、厚生労働省の監督下にある。ただし同法第3条でその自主性の「尊重」が定められている。　14 民・民であってもニコン「慰安婦」写真展事件のように契約を一方的に破り、表現の場を奪うことで自由を侵す問題となることはある。　15 志田、前掲論文、46–47頁

一般的に啓発ポスターを公の機関、例えばどこかの市がつくったとしましょう。それはものすごく単純化して言えば、市長が公職として作成していることになります。そして市長は忙しいし、絵が下手なので、職員に任せ、職員も絵が下手なので、それを作家に委託した……というほどのものです。つまりできあがったポスターは、市長の仕事としての成果物であり、それは表現の自由を適用しないものです。

となれば。

市の責務を果たすものとしてのポスターに対して、市民が政治的公正さの角度からモノを言い、そのポスターをやめるように言うことは十分ありうることです。市に対する請願と同じであり、憲法で保障された行為です。公権力によってポスターを撤回させることになりますが、これは民間に対するものとは区別される必要があります。

これに対して、美術館に展示されたイラストは違います。

その場合、そのイラストは市長ではなく、あくまで作家のものですから、市民の意見があったからということを理由に市長の指示で外したりすることは、その作家の表現の自由（厳密には、行政の一定の支援を受ける芸術における「芸術の自由」）を侵すことになります。

もし、「宇崎ちゃん」が市立の美術館に展示されていて、「あれはセクハラだ」とい

写真：「西日本新聞」
2019年10月15日付夕刊
撮影：紙屋

う意見をもとに市長がその撤去を命じたら、その市長の行為は文化芸術への干渉になります。

美術のヌードは？

よく「宇崎ちゃん」献血ポスター擁護派が「じゃあ美術品のヌードはどうなんだ」と持ち出します。そうすると「美術館に飾られた芸術作品とは違う」「公衆の面前ではなく限定されている」式の反論が返ってきます。

しかし、例えば、上の**写真**のような新聞広告はどうでしょうか。

モローは女性を「男性を誘惑する邪悪な存在」として描き続けました。そのような女性観をモロ出しにした（シャレじゃありません……）こんな「歪んだ女性観」にもとづく「扇情的ヌード」を何十万人もの人が読む新聞に載せるというのは「環境型セクハラ」ではないのでしょうか？

そして、**上図**のような広告はどうか[16]（架空のものです。念のため）。

おそらくこの2つは太田弁護士からは批判されないでしょう。

なぜでしょうか。

それは、美術作品として扱われていることによって、この広告には作品に対する自覚的な取り扱いがある、と考えられているからです。つまり批評的に取り扱われていることがわかるパッケージなのです。

逆に言えば、「宇崎ちゃん」の性的なメッセージを無自覚に使っている献血ポスターには、太田さんはモノを言いたくなるのです。「女はおっぱい」というメッセージを強化している可能性について、製作側は毫も考えていないかのように思えるから。

そして、そのような太田弁護士の心配はよくわかります。

太田弁護士は「ジェンダー上の不公正を助長する恐れが

ありますよ」という意見を知っておいてほしいのでしょう。言われた方が「あっ、そうなんだ」と思ってくれれば、それで太田さんの目的は達成されるはずです。

表現は自由に　批判も自由に

太田さんの主張についてのぼくの評価をまとめておきましょう。

太田さんが「宇崎ちゃん」ポスターを批判したことは、まさに表現（言論）の自由です。むしろ旺盛な批判は、先の「思想の自由市場」を活発にする、たいへんすばらしい行為だとさえいえます。しかしその批判の中身はとても「雑」なものでした。また、太田さんが赤十字に対して仮に撤去を求めていたとしても、他の民間団体にそのようなことを求める権利はすべての市民にあるので、これもまた表現（言論）の自由です。太田さんの行為が表現の自由を侵すものだったわけではありません。しかし、「思想の自由市場」という制度設計からすれば、表現の領域はできるだけ自由であったほうがいいので、撤去要求は慎重にすべきです（くりかえしますが、民間団体や作家に対

16 図の右側の薄い四角で囲われた部分はオリジナルの「宇崎ちゃん」の画像（102頁参照）を使い、それ以外の部分については著者（紙屋）が付け加えた（展覧会は架空のもの）。著作権法第32条の引用にもとづき批評・報道の目的で作成した。

しては、絶対にしてはいけないということはありません。撤去判断をするのは表現をしている団体や作家なのですから)。

以上がまとめです。

一般に「政治的不公正を含んでいるからその作品を撤去せよ」というふうに主張するのはあまりうまくありません。まあ、世論喚起の問題提起としてはなくはないですけど、表現の自由を損なう可能性についてよく考えた上で、要求してほしいと思います。

政治的不公正を含んでいるという批判の表明は旺盛にすべきでしょう。しかしその説明はていねいに。

そして根本的には、政治的不公正、例えばジェンダー上の不公正さを批判するポリコレ棒を国民の中にビルトインするような啓発・教育・学習の方にもっと重点をおくべきじゃないのでしょうか。そうなれば、自然にそうした不公正な表現は減るし、もし出てきても多くの国民はそれが虚構上のネタだとすぐにわかるでしょう。「思想の自由市場」から、淘汰されていくわけです。

「地球環境にいいことをしよう」という意識が広がれば、地球環境にやさしい商品が売れて、よくない商品が淘汰されていくようなもので、環境に悪い商品をわざわざ差し止める必要はなくなります。それと同じです。

以上が、「宇崎ちゃん」ポスター事件の問題点の大ざっぱな指摘です。「大ざっぱな」と述べたのは、続く2つの章で、ここで論じた問題をもう少し詳しくみていこうと思うからです。特に（太田弁護士はこの事件の中では主張しませんでしたが）「女性差別的な表現は規制すべきだ」という主張にまですすんだ場合、それは許されるのかどうかを考えていきます。

なお、『宇崎ちゃんは遊びたい！』と赤十字の献血のコラボレーションはその後も実施され、「宇崎ちゃん」と「先輩」が献血ルームを訪れるという、コマ割りしたマンガクリアファイルになりました（2020年2月）。「宇崎ちゃん」は相変わらず「巨乳」のままですが、コマ割りの一部となって、「巨乳」を性的に強調する印象が後退しています。当の太田弁護士は、「いい方向になったんだな、赤十字社がはじめからこういう企画でやっていたらよかったですね、と思います」[17]と評価するツイートをしました。

17 https://twitter.com/katepanda2/status/1223504576420044800

コラム1

自由な批判で表現を取り下げる

――『はじめてのはたらくくるま』事件

表現が取り下げられることは絶対的な悪ではありません。自由な言論や表現の活動にもとづいて、自分に向けられた批判をよく吟味して表現を直したり、あるいは表現を撤回したりすることは、むしろ「思想の自由市場」の健全な働きだと言えます。

子ども向けの図鑑『はじめてのはたらくくるま』に、自衛隊の車両や「くるま」ではない戦闘機・護衛艦などが多数掲載されていて、2019年6月、いくつかの児童書関連の市民団体が意見表明書を出版社（講談社の関連会社である「講談社ビーシー」）に提出しました。

――今回貴社が刊行された標記の本には、自衛隊の車両などが6ページにわたって掲載され、あたかも戦うことが日常の一コマであるかのような印象を与えるものとなっています。あえて3歳からの幼児に向けての本として発行されているなかに、このような写真がなんらの躊躇もなく掲載されていることに、私たちは驚きとともに大きな憤りを感じざるを得ません。／この本の発行についてぜひ熟慮をお願いします。（親子読書地域文庫全国連絡会世話人会）

けれどもまず驚くのは、表紙に「水平に銃を構える自衛隊員の写真を」載せ、ページを繰ると後半からは、「りくじょうじえいたい」「こうくうじえいたい」「かいじょうじえいたい」として潜水艦や戦車など戦争で使う乗り物が満載されていることです。潜水艦や戦闘機は〝くるま〟ではないことなど、編集も杜撰ですが、何よりも、本書を3歳から6歳向けとして勧めており、小さな子どもにこのような戦争に使う乗り物を〝はたらくくるま〟としていることに驚きを禁じ得ません。〔……〕講談社は誰もが知っている大手の出版社であり、このような本を出版したことには大きな責任があると考えます。出版社としての責任と矜持を持って対処していただくことを切に望みます。（一般社団法人日本子どもの本研究会 理事会）

これらの団体の意見表明に先立って、女性団体である「新日本婦人の会」がこの本を問題視して、編集部に話し合いに行っています。その様子が同会の機関紙に掲載されています。[1]

編集部と市民団体の話し合い

それによれば、編集部はもともとの意図を次のように説明しています。

「同シリーズの『のりものずかん』が売れ行きがよく、その第二弾として初めて自衛隊を入れて昨年11月に出版し、人気で再版しています。他の雑誌社よりも乗り物をマテリアルとしてこだわり、とにかくかっこよく見せたいという本づくりです」

同会からの参加者はこの表明に対して、編集部に次のような疑問や意見を伝えました。

「これらは有事になれば命と直結する。他の車とは明らかに違う」「自分の考えや立場をまだ決められない子どもたちに、こんな写真を提供するのはどうか」「編集部は一度も逡巡しなかったのか」

そして、編集部は次のように答えました。

「初めてこうした意見を聞いた。どう見せるかにこだわり、その基準だけで選んでいた。議論した方がいいということがわかった。スタッフで共有し、検討していきたい」[1]

こうした動きを受けて、講談社ビーシーは2019年7月22日に自社の公式サイトに次の声明を掲載します。

今回「はじめてのはたらくくるま」のなかで、「くるま」というカテゴリーに入らない乗り物、武器としての意味合いが強い乗り物が掲載されていることに関しまして、読者の皆様方からご指摘やお問い合わせをいただきました。／この件につきまして、弊社は当該の書籍が3〜6歳という未就学児を対象とした「知育図鑑」として適切な表現や情報ではない箇所があったと考えております。本書についてはこれ以降の増刷は行わないこととしました。[2]

1 「新婦人しんぶん」2019年4月18日号　2 https://www.kodansha-bc.com/archives/2157

『はじめてのはたらくくるま』への批判は、大きく言って2つありました。ひとつは、子どもたちに戦争や武器にまつわる乗り物に親しませるのか、といういわば平和主義的な角度からの批判。もうひとつは、図鑑としての見せ方がずさんではないか、といういわば教育の角度からの批判です。

同社の声明はこの2つに対応しているように読めます。[3]

理想的なプロセス

ぼくは、このプロセスをとても理想的なものだと思いました。

つまり、ある表現に対して違和感や批判を感じた人たちが声をあげ、実際に表現者にそれを直接伝え、伝えられた表現者はそれを真摯に「共有し、検討して」一定の見直し（増刷中止）をしたプロセスだからです。

紙面で見る限りは、批判者である「新日本婦人の会」の人たちは冷静に話し合いをしたようですし、出版社（編集部）側も冷静に、また真摯にそれを受け止めている様子が伝わってきます。

しかも「新日本婦人の会」も他の団体も、回収を求めるなどの表現の中止・撤去を求めるのではなく、あくまでも懸念を伝えて、「慎重な対応」「責任と矜持を持って対処」などにとどめています。

リベラル・左派の陣営が表現を「弾圧」した例としてこの件を持ち出す人がインターネットなどでちらほら見られるのですが、まったく的外れというべきでしょう。むしろ「表現の自由」「言論の自由」「思想の自由市場」といった制度設計の点に限っていえば、それがしっかりと機能した、貴重なケースです。

3 もっとも、同編集部はネットメディアのインタビューの中で「自衛隊の装備品を多数載せるなら、表紙や帯などでもっと分かりやすく知らせるべきだったと指摘があり、それももっともだと判断しました。武器ですので、働く車と同列に並べるのは難しく、見せる準備が必要だったと考えています」「武器は幼児に見せられない考えだと思われたとしたら、それは誤解です。自衛隊を否定しているわけではありません。自衛隊は、知育図鑑に不適切と思っていることもないですね」（２０１９年7月25日）とも答えている。https://www.j-cast.com/2019/07/25363538.html

Ⅴ

女性を性的対象として見ることは問題なのか

ここからは前章の「宇崎ちゃん」ポスター事件で考えた問題をもう少し掘り下げていきます。

前章で少し書きましたが、「女はおっぱいだね」のような、女性（そして男性やそれ以外の性の人も）を性的な対象・存在としてのみ見なすこと、女性をモノのように見なすことはなぜダメなのでしょうか。

このことをぼくなりに説明してみます。

「わいせつ」だからダメなのか

一番単純なのは「わいせつ」だから、という理由が考えられます。「わいせつ」だというのは、簡単に言えば、「見ていていたたまれなくなっちゃう」ということです。

小学生だったぼくは、そろばん塾に行く途中にヌードポスターが貼られていたのを覚えています。市内にポルノ映画館があったので、上映作品のポスターが貼られていたんですね。カラミっぽいものが描かれていたように記憶しています。

そのポスターの前は、自転車で急いで通り過ぎました。

なぜ急いで？

それは「いたたまれなかった」からです。別に女性の裸や性的なものが見たくないわけではありません。いや、むしろ見たい。本当はすごく見たかったのです。だけど、「そんないやらしいものに関心を寄せている自分」などという姿を友だちに見つかりたくはありません。

何万人もが行き交う通勤駅に巨大なセックス写真のポスターが貼られていたら、あなたはどうしますか？　貼り出されているポスターと自分の距離が測れなくなってしまう、つまり「いたたまれなくなってしまう」のではないでしょうか。これが「わいせつ」ということです。

厳密に言えば裁判では「わいせつ」とは①性欲をかきたてる、②性的な恥ずかしさを覚えさせる、③性道徳を壊す、という3つの要件が必要とされているんですが、①の「性欲をかきたてる」ポルノがフツーに売られて、その中で、性器をモロ出しするようなものだけが「わいせつ」でアウトだとされるのは、やはり②の「性的恥ずかしさ」がポイントだからでしょう。そして②が③（性道徳を壊す）を引き起こすという流れです。だから、ぼくは「わいせつ」のポイントは「いたたまれなさ」だと考えるのです。

ポルノのポスターを本当はぼくも見たかったように、「わいせつ」を取り締まる側には、実は楽しみたがっている人も含まれています。それが表に出てきてしまうと、自分も鼻の下を伸ばしていることがわかってしまうので、表に出さないようにする。「いやらしいもの」を隠しておきたいのです。何かをあばき出したくない、すなわち波風を立たせたくない――性的な秩序や道徳を維持しておきたい、ということです。

「わいせつ」表現は「価値が低い」とされ、「表現の自由」から除外してよいとされており、日本の最高裁の判決なども基本的にこの考えにのっとっています。

もともとリベラルや左翼陣営は、このような「わいせつ」を口実にした表現の規制には、批判的でした。だって、性的な恥ずかしさを引き起こす基準なんて、規制する側がどうとでもしてしまえるでしょう?

そもそも、「わいせつ」と感じるか否かは、受け手の主観によるものであるから、「わいせつ文書」の概念やその判断基準・方法に主観的要素が入り込むことは、当然といえば当然である。そして、「わいせつ」判断に主観が入り込まざるをえない以上、「わいせつ文書」規制は、規制権力側の主観によって表現行為を規制するという危険を、必然的にはらんでいるのである。[1]

ぼく自身も「わいせつ」規制という考えには反対です。価値が低いかどうかは「思想の自由市場」の中で各人が選択していけばいいのであって、あらかじめ権力が恣意的に決めることではないからです。

そして実は今回「宇崎ちゃん」ポスターに怒っている人たちは、別にあのポスターが「わいせつ」だから怒っているわけではありません。つまり「いたたまれなくなる」から、性的な秩序を乱すから、ではないのです。女性の尊厳や人権を侵すもの、あるいはそういうことにつながるものだから怒っているのです。

性の対象としてしか見ない

簡単に言えば、女性を「性的な対象」だとすぐ考えるような風潮をあおるからです。つまり「セックスできる相手」「チャンスがあればキスをしたり手を握ったりしてもいい対象」「自分の性欲を刺激してくれるモノ」だと女性を見るようになるからです。

筒井康隆さんの有名なSF小説『家族八景』はテレパス（心が読める能力を持つ）の女性・火田七瀬が主人公です。七瀬はいつも出会う男性の心の中で裸にされてしまいます。この小説は今から半世紀ぐらい前の作品ですが、その時代では女性を心の中

1 浦部法穂『憲法学教室 全訂第2版』、日本評論社、2000年、166頁

でこのように扱うこと、まさに「性的な対象」として扱うことは、それほど珍しいことではなかったということでしょう。

それから半世紀たった今でも、「職場の飲み会で手を握ったり、太ももを触ったりされた」「同窓会の帰りのタクシーでキスをされた」というような性暴力の事例は後を絶ちません。そこまでディープでなくても例えば「職場の華（花）」という見方もその一つでしょう。要は「一人前の人間」として見ずに、モノのように扱う、最悪の形としては自分（男）の性欲を満たしてくれる手段として扱うということです。それは、現在でも根強く存在している風潮なのです。

「職場のハラスメント研究所」の金子雅臣代表理事は、セクハラをする人（ここでは男性）は「特別な人ではありません」と言います。[2] 酒の席で、なりゆきで……などと言い訳にもならない言い訳でハラスメントをやってしまうと言います。

金子さんはその理由を2つ挙げています。

……ひとつは職場でも異性を「性的対象」と見る傾向が男性に強いことです。それは性差ではなく、社会的な刷り込みによるものだと考えます。日本では女性の「性の商品化」が著しく、幼いころから女性を性的対象としてみる機会が非常に多く提供され、後天的にその性向がつくられてしまっています。[3]

もうひとつは女性差別の構造です。日本社会に根深い女性蔑視を背景に、職場でも女性にはサポート役や「職場の潤滑油」的業務を求める性別役割分業意識が強い。また子育てなど家庭の役割のため、残業が当たり前の「男社会」の働き方ができない女性は、労働力として「二流」だという思いがある。さらに管理職比率は圧倒的に男性優位です。職場のドアを開けたとたん、普通のお父さんが部長や専務になると、自分が格段の権力を持ったと錯覚し、部下を見下す視線が生まれる。[4]

性的モノ化

2018年にノーベル平和賞を受賞したナディア・ムラドの『THE LAST GIRL』(東洋館出版社)には「イスラム国に囚われ、闘い続ける女性の物語」というサブタイトルが付いていますが、その本には性暴力のすさまじい実態が告発されています。

ナディア・ムラドが過激派組織(ISIS、イスラム国)に連行されるときに、戦

2 「しんぶん赤旗」2018年10月15日付　3 同前　4 同前

闘員である男に胸を執拗になぶられ、ナディアが激しい憤りを覚える描写があります。

ナディアはＩＳＩＳにとっては「ヤズィディ教徒」[5]であり、「どう扱ってもよい二級市民」です。人間としての全体性を持っているはずの彼女は、性的な存在にだけ矮小化され、性的な対象とされ、しかもその全体から胸というパーツだけをあたかも切り取られるように徹底的に部分化されます。まさに「モノ」となる瞬間です。

「二級労働力として扱われる日本の職場の女性」が「性的な対象」と見なされる、という構図と非常によく似ていることがわかると思います。

豊かな全体を一面化する

女性を性的な対象・存在としてのみ見なすこと、女性をモノのように見なすことを別の角度から考えてみます。

ぼくたちは人間としていろんな側面を持っています。それこそ無数の側面です。

職場で働いているとき、パソコンを使いこなす能力、水道管を直す能力、弁当を調理する能力、そういう職業能力を発揮している自分というものがいます。

家では、「今日、学校どうだったの？」と娘に話しかけているぼくは、父親としての存在でもあります。

地域では、町内会の役を引き受けて、焼きそばを焼いたり、お隣の見守りをしたりする、地域人としての自分がいます。

趣味で盆栽をいじっているとき、松の枝の剪定に悩んでにっちもさっちもいかなくなっている、趣味人としての存在が自分でもあります。

このように一人の人間というのは、実に多面的で豊かな側面を持った全体的な存在です。ぼくの人間としての尊厳というのは、こうした全体の複合の結果です。

そして性的な存在としての自分です。「性的な存在」というとき、けっこう多様なことを意味するとは思いますが、ここではセックスという狭い意味だけで考えてみましょう。例えば、性欲を感じている自分（性欲がない自分という側面を持つ場合もあるでしょう）、セックスを楽しんでその快楽に溺れている自分がいます。

性的な存在だという側面は、ぼくらの人格の、非常に大切な一部です。

しかし、一部に過ぎません。

その一部を切り取って誇張する（文学や創作とはそういうものだと思いますが）ことが、あまりにナイーブであればあたかもそれが女性の（あるいは男性や他の性の）全体で

5 イラクの一部などで信仰されている少数派の宗教。ISISはこの信仰者を異教徒として弾圧・迫害した。

あるかのような錯覚を広げてしまうのではないでしょうか。それが女性のすべてだとは思わないにしても、男性が女性をまず「性的な存在」だとみなす「訓練」をしてしまう恐れがあります。

性的な対象・存在として（のみ）見ない、女性をモノのように見ない、とはこのように、豊かな全体としてその人を見るということになります。

だからといって表現を規制できるのか？

しかし、女性（もしくは男性、あるいは特定の性の人間）を性的対象、性的なモノ、性的存在としてのみ扱うことが問題であるにしても、そこから、表現を批判したり、ましてや表現を規制したりすることはできるのでしょうか。

いくつかの反論が考えられます。その反論についてみておくことにしましょう。

（1）セックスをするときは性的対象ではないのか

職場の同僚を好きになって恋愛し、セックスするのであれば、それは結局同僚を性的な対象として扱うことになるのではないか、という反論が成り立ちます。

セックスするときはお互い性的な存在になってむさぼりあう、そういうことはあるでしょう。

セックスするときは、相手を「モノのように扱う」セックスをするカップルだっているかもしれません。

それは全くその通りだと思います。セックスのときに限っていえば、相手をそう扱うことはあると思います。だから「いついかなるときも性的対象としてはならぬ」という話ではないはずなのです。ナイーブな男性にとっては自分が性的な存在であること、性の対象とされることは、何が悪いの？と思うか、「喜んでそう扱ってほしい」と願っているはずです。しかし、少なからぬ女性にとっては、自分が性的存在として扱われたいと思うのはごく限られた相手の、ごく限られたシチュエーションなのです。

（2）モノ化は性以外の問題でもあるのでは

性のモノ化は、アメリカの倫理学者マーサ・ヌスバウムが提起した概念と言われますが、ヌスバウムは人間を道具のように扱うことを問題視しています。

しかし、同じようなモノ化は別に性の問題に限らずに起きているのではないか？という疑問がわきます。

例えば、カール・マルクスは、資本主義社会では商品の物神化が起きているという問題を提起しました。本来は人と人の関係であるはずの生産関係の本質が隠されて、モノとモノとの関係に見えてしまう、という問題です。

もっとわかりやすく言えば、労働者は「労働力商品」としてマーケットに現れ、商品として「使われ」ます。

ＩＬＯは１９４４年に「労働は商品でない」とする「フィラデルフィア宣言」を発表しています。近年でもこの原則に注目が集まっているのは、「『労働』があたかも『商品』であるかのように、商取引の対象となり、使い捨てられ、買い叩かれ、摩滅させられている現実があるから[6]」です。

他にも、例えばタレントという存在は、キャラクター・人格を商品として、つまりモノとして扱っていると考えることもできます。

このようにモノ化は資本主義の中で、あちらこちらで起きている現象です。

それなのに、性のモノ化、性的対象化だけを問題にすべきでしょうか？

ぼくは、労働者であれ、タレントであれ、性であれ、本来モノでないものをモノのように扱うことは問題であり、その現実を改めるべきだと思います。

（3）フィクションが性的モノ化を助長する証拠はないのでは

女性を性的な対象とみなすこと、女性を性的なモノとして扱うことの問題は見てきましたが、それをある種の表現が助長するかどうかは、論争があります。その論争に立ち入って裁定する能力はぼくにはありませんので、ここではそうした論争を詳しくは紹介しません。

なんのデータ・根拠もなくぼんやりとぼくが思っていることだけを書けば、「いつでも必ず性的な表現は悪い影響を与える」というような命題を満足させる、そんなに決定的な証拠があるようには思えないのが正直なところです。

ただし、そのうちある程度は、その表現に触れた人に影響は及ぼすだろうとも思います。つまり女性をモノのように扱うという意識を微量にでも助長させる力はあるんじゃないかと思うのです。

証拠やデータはありません。ぼくの実感だけです。

しかし、たとえ「影響を与える」と考えたとしても次の（4）のような考えをすべきではないでしょうか。

6 石田眞「ＩＬＯ『労働は商品ではない』原則の意味するもの――労働法との関連をめぐって――」／『早稲田商学』第428号、2011年3月、641頁

（4）モノ化が問題だとしても、表現規制という方法をとるべきなのか

最大の問題はおそらくこれでしょう。

女性をモノのように扱う風潮が、表現によって引き起こされているにせよ、「ゆえに表現を規制する」という形をとってその風潮を鎮めることは許されるでしょうか。

表現の規制によって差別・虐待の削減に取り組もうとする動きの一つとして、2016年3月に公表された国連女性差別撤廃委員会の日本への「見解」があります。女性への性的暴力を描写したゲームやマンガなどの「架空表現への販売規制」の提言が含まれています。

表現が性暴力についての社会の「許容度」を上げてしまうからだとされています。つまり、レイプされて女性が喜んでいるような表現はいかにフィクションであっても、それを見慣れるうちに次第に意識を侵食し、「そんなに悪いことじゃないのでは?」というような風潮を広げてしまう危険性があるというわけです。

前述の志田陽子教授は、ゲームやマンガは文字と違って視覚表現（いわゆる「絵」）であるため、いろいろな解釈の余地を残してしまう、として「表現規制の前に問うべきこと」として次のように主張しています。

―　その作品が、表現の受け手にとってさまざまな解釈の余地が開かれたものである

限り、当該の視覚作品をただちに差別表現やヘイトスピーチやマニピュレート（人心操作）と見ることはできず、いくつかの要素が組み合わさって表現の受け手に別解釈の余地を与えないようなものとなっている場合にのみ、その表現物の抑制が憲法上許容されると考えるべきだろう。

　国家が虐待・搾取・差別の防止という任務を果たそうとする場合、とるべき筋道は、第一に福祉政策である。たとえば、現実の児童虐待の実態把握と救済は、架空表現の遮断よりも難しく、人の力を要するデリケートな仕事である。国家が本来の筋道で十分な尽力をしないまま表現規制に乗り出してきたときには、いったん憲法違反とされるべきだろう。この表現規制は、「より人権制約的でない他の手段があるときにはそちらを選択するべきである」との考え方に照らしたとき、憲法に適合する条件を満たしていないからである。そして、福祉的・支援的政策を実施してもまだ社会状況が改善せず被害が後を絶たないという場合に初めて、国家や自治体は状況改善のためにこの種の表現物を規制できる、という考え方を提唱したい。[7]

ぼくもこの考えに賛成です。

7 志田陽子『「表現の自由」の明日へ』、大月書店、2018年、148-149頁女性が職場で「二級労働力」として差別され、セクハラなどの性暴力にさらされている現状は、そうした職場での女性の扱いを現実で変えていくことがまず必要なのであって、非常に壊れやすい「表現の自由」（この章の終わりでこのことを少し説明します）を規制することによっていきなりそれを達成しようというのは、本末転倒だと思われます。

そして、この場合に「規制」というのは、国家や自治体など公権力による規制をさします。例えば自治体で「女性差別禁止条例」のようなものを定めて、その中で現実の差別の規制とは別に、女性差別的な表現を規制したりすることです。

一般市民や民間企業が基準を設けてそういう表現を駆逐することは、ここには含まれません。一般市民がどんな表現を嫌悪し、どんな表現を好むかは、それこそ表現の自由であり、基本的に自由であるべきです。民間企業や団体についていえば結社の自由でしょう。

「宇崎ちゃん」のような「胸が異様に強調された女性」のポスターを、例えば民間企業が使った場合、そのポスターを使うことは民間企業の自由に属することになるでしょうか。そして、ある市民団体がそれを撤去してほしいと要求することもその団体の自由なのでしょうか。そして、その団体の要求を受けてポスターを撤去することも民間企業の自由でしょうか。

答えはどれもイエスです。

そのような自由な相互作用こそが、まさに表現の自由、言論の自由、結社の自由で想定された「思想の自由市場」のありようなのです。

しかし、先ほども述べたように、ポスターの批判はその内容を批判すれば目的は基本的に達成されるのであって、ポスターという表現を撤去させることには慎重であるべきだというのがぼくの意見です。ただ、それもあくまで一つの意見であって、ポスターを撤去せよと要求することや、それに応じることもまた自由であって、要求したからといって表現の自由を侵しているとか、撤去したからといってそれに屈したというわけにはいかないでしょう（暴力や脅迫などを使う場合は別です）。

（5）ゾーニングすればいいのでは？

「ゾーニング」というのは、例えば性的表現のあるマンガを「成人向けコミック」とラベルをして、そのラベルを貼ったマンガは販売などの区域を分けることです。「性表現を嫌悪する人」と「そうでない人」を棲み分けるというやり方です。

これは一部のＰＴＡのような団体や右派の人からよく聞きますが、リベラルの人からもときどき聞く意見です。

例えば、憲法学の教科書でも次のように書かれています。

もちろん、「わいせつ文書」を見たくないという人もいるから、そういう人たちの「見ない自由」を侵害するような仕方で「わいせつ文書」の頒布・販売等が行われる場合には、実質的な害悪をもたらすものとして、そのかぎりで規制が正当化されうる。……この場合には、頒布・販売等を全面的に規制する必要はなく、頒布・販売等の仕方に着目して特定の態様の頒布・販売等の行為だけを規制すれば十分である。[8]

しかし、「見たくない自由」を保障すべきだというこの考えは、それだけではあまりにも乱暴な論理ではないでしょうか。

「見たい」とか「見たくない」ということのうちには、実現すべき社会的な公正さは何も含まれていません。例えば「女性の人権を守るために見せないようにする」というような考え方がまるでないのです。「見たい」「見たくない」という自分の欲求だけです。

そうすると、「見たくない」という声が大きい場合、そういう措置を取られてしまう危険性があるのです。

例えば多くの人が「『はだしのゲン』は残虐なので見たくない」という意見を述べた場合、『はだしのゲン』はゾーニングされるべきでしょうか？「これは表現規制ではない。表現そのものを撤去したり禁止したりするわけではないからだ。見たい人はそのエリアに行けばいい」とゾーニング規制派は言うに違いありません。

「見たくない自由」を根拠にしたゾーニングは、それだけではあまりにも乱暴だということは、「自分が見たいものを『見たくない』という理由でゾーニングされる」ことを想像してみると、その論理の乱暴さに気づいてもらえるのではないかと思います。

もちろんこの場合、公権力によるゾーニング、例えば自治体が条例でゾーニング規制を行うことなどが想定されています。民間が自主的に行うものは含まれていません。[9]

表現の自由の壊れやすさ

先ほど「非常に壊れやすい『表現の自由』」ということを書きました。この章の最

8 浦部法穂『憲法学教室　全訂第2版』、日本評論社、2000年、167頁

9 現実には「民間による自主的なゾーニング」と言いながら公権力が実質的に介入しているケースがあり、このように「公権力によるゾーニング」「民間の自主的なゾーニング」ときっぱり分けることができない場合が少なくないが、問題を原理的に考える上でここでは話を単純化している。

後に、表現の自由がなぜ壊れやすいのか、ということを簡単に述べておきます。
表現の自由は独特の弱さを持っています。

「行政の中立」の章で、福岡市が名義後援の拒否・取消をやったとき、市民団体の間で、「この表現は引っかかりますか?」とか「この言い回しはダメですかね」とか、「ビビる」事態が生じたのを、ぼくは目の当たりにしました。

「表現の自由」は……とくにデリケートな弱いものであるため、《取扱い注意》が必要だ、という性格も持っている。もしも何かの表現をしたり集会に参加したりしたことで、刑罰を受ける・多額の金銭を支払う・就職できないといった不利益があったとしたらどうだろう。人々はそのような不利益を被ってまで表現をしようとはしなくなり、自由な表現の空間は衰退してしまう。この傾向を「萎縮」と呼ぶ。国家は「表現の自由」のこの弱さ、デリケートさを考慮して、萎縮効果を生むような表現規制をしてはならない、と考えられている。[10]

表現の自由が大切な権利である上に、このような「壊れやすさ」を持っているために、制限をする際には、他の人権に比べても特に厳密な条件をつけます。どうしても必要なのか、とか、他に方法がないのか、とか、他に絶対に拡大解釈されないか、とかです。このように他の人権に比べて持つ厳しさを指して、表現の自由の「優越的地位」とか「優越性」とか言われます。

このような表現の自由の大切さ、壊れやすさを犠牲にしてまで、「女性を差別する表現」を規制すべきなのか、よく考える必要があるのです。

10 志田、前掲書、33頁

Ⅵ
ポリコレ棒を
心の中に

第4章で「宇崎ちゃん」ポスター問題の概略を見ましたが、この章では、そこで論じた最後の問題――やめさせたい表現・考えがあるなら、それは表現規制をするのではなく、地道に啓発や教育をすることで「思想の自由市場」からそれを淘汰していきましょうよ、ということについて述べたいと思います。

これまで述べてきたところでおわかりいただけたかと思いますが、表現の自由が前提にされた社会では、あらかじめ表現を規制するのではなく、できるだけ自由に表現を流通させて、劣悪な表現は淘汰することで排除していくという市場《マーケット》のイメージで考えることが必要になります。いわゆる「思想の自由市場」という考え方です。

そうであるとすれば、公権力による規制はもちろん、市民の中でも表現を撤去させたり抑圧したりすることは慎重であるべきであって、できるだけ「思想の自由市場」に流して、批判にさらした方がよいのだと言えるでしょう。

これが一つの結論です。

『ゴールデンカムイ』の「政治的正しさ」への賛否

しかし、ぼくたちがこの問題を考える上で、しっくりこない部分が残ります。

それは、ある作品の価値を、道徳・倫理・政治的公正の立場から批判・評価するというやり方への違和感です。

例えば、多くの人が賞賛している映画があったとして、そこに「あの映画はタバコを吸うシーンが入っているからよくない」という批判を加えたりすることです。あるいは、みんなが絶賛しているマンガについて「あのマンガの女性の描き方は女性を従属物として扱っている」と批判するような仕方です。

野田サトルさんの『ゴールデンカムイ』というマンガをめぐるインターネット上の論争がありました。

このマンガは、明治時代に北海道で隠されたとされる金塊を争奪する物語です。

このマンガを支持する人たちの中に、〝ヒロインのアイヌの少女、アシㇼパの「サービスシーン」「エッチ展開」がない＝少女が性的搾取されないからよい〟という主張があったのです（仮にこれを「搾取批判派」と呼びましょう）。これに対して、同じようにこのマンガを賞賛している人たちから〝いやそんな理由でこのマンガを褒めるのはおかしい〟とする論争が起きました（仮にこれを「反批判派」と呼びましょう）。

私もゴールデンカムイ2巻ぐらいのときは、「この表紙の少女（アシリパさん）が今後、本人が望んでいないエッチな目に遭わされたりするのでは……」とおびえていた時期があったんですが、これまで「一度も」そんな描写はありません。かといってサービスがないわけでなく、良い男体が惜しみなく出てきます。[1]

アシㇼパを自分の意思で動く人間に描いた場面と並び、野田サトル氏のフェミ的視点がうかがえる場面。杉元の〝弱みにつけこむな〟〝子作りには責任を〟。(優しい……)アシㇼパの〝アイヌ女性は弱くない〟。／青年漫画が女性をこのように扱ってくれますように。[2]

女性が性的消費されてないから面白いってもはやそれゴールデンカムイの内容とは全く関係ないところやん、こういうわけわからん気持ち悪いフェミニスト様がわいてくるのはどうにかならんのかね[3]

ポリコレ棒は外側からの批判か

ある倫理基準がその人の中にしっかりとビルトインされている場合、ごくごく自然にその倫理基準に沿うかどうかで好悪を分けてしまうということは、実によくあることです。そして、それは決して不自然な行為ではありません。

女性の人権をめぐって日々の生活の中で苦しんでいる人たちは、そのことに非常に敏感になってしまい、そのこと一つで作品に引っ掛かりを感じてしまう、あるいは作品全体がダメなふうに感じてしまう、というのはきわめて自然なことではないでしょうか。「搾取批判派」というのはおそらくそうした人たちなのです。

前述しましたが、「ポリコレ棒」という揶揄があります。ポリティカル・コレクトネスの棍棒、すなわち政治的な正しさを基準にして物事を価値判断し、攻撃することです。「反批判派」が「搾取批判派」に違和感を覚えるのは、〝「搾取批判派」の人たちというのは『ゴールデンカムイ』をその作品の本当の芸術的価値で論ぜずに、ポリコレ棒が自分の外側にあって、その外にある基準で作品を裁いちゃってる〟と感じているからではないでしょうか。

しかし「搾取批判派」の人たちというのは、〝ポリコレ棒が自分の外側にあってその外にある基準で作品を裁いちゃってる〟わけではありません。「搾取批判派」にとっ

1 https://twitter.com/kaneda_junko/status/983617332944646144　2 https://twitter.com/Annan3/status/912201949310722049　3 https://twitter.com/siVIPsyu/status/983616617597747201

ては、女性の人権をめぐるポリコレ棒は自分の感情や生活としっかりと一体化してい て（こう言ってよければ）、作品を読んだ時の自然な感情として湧き出てくるのです。政治的なこと（女性の人権はその一つです）に毎日懊悩していなければ、あるいはポリコレ棒が自分の中にあまり一体化していなければ、ポリコレ棒で外から叩いているように見えてしまうのではないでしょうか。「反批判派」の一定部分はこれだと思われます。

例えば、「いじめられるやつはそいつに絶対悪いところがある」というような描き方をされているマンガがもしあったとして、いくら他の要素がよくても、そこが障害になって、全然入り込めないという人はいるはずです。その人の中では「いじめ」ということがものすごく大きな負荷になっているからです。

ぼくは又野尚さんのコミック『ママ友のオキテ。』を友人に勧めたことがありましたが、その人は読むのが本当にしんどそうでした。同作は作者が見聞きしたママ友間の人間関係トラブルを面白おかしくとりあげた「実録」の4コママンガです。

ぼくはママ友という集団の中での憎悪的・同調圧力的な空気のルポとしてすぐれていると思ったのですが、言い方を変えれば「『空気読めよ』と非難する側の論理で充満」したマンガであり、非常に「下品」なのです。その空気を「あるある！」と楽しめずに本気で苦しみ、闘っている人（ぼくの友人がまさにそうだったわけですが）には、気分が悪くなるしかない作品だったのではないでしょうか。すまないことをしたと思っています。

このことが女性の人権についても起こりうるのです。

フェミニズムというのは、ぼく流の見解を言わせてもらえば、女性が尊厳を持って「ふつうに」生きようと思えば、現在の日本のような男性中心社会には女性に対する抑圧や攻撃が溢れているので、それと闘わざるを得ず、そのような「ふつう」をめざす解放思想です。

だとすれば、日常の中にある女性への抑圧や攻撃に敏感に反応し、そのことが反応に際して他のテーマ・話題よりも突出しているのは、当然だと言えます。

だから、「反批判派」の「搾取批判派」へのツッコミ、「『ゴールデンカムイ』にある女性への抑圧には過敏に反応するのに、殺人とか暴力はスルーかよ」という指摘は、まあ客観的にみればそうなんですけど、日々女性への抑圧を気にしている人からすれば、他の部分に反応が弱いのは「自然」だとも言えます。

「いじめ」にセンシティブになっている人に、それ以外の話題への反応が薄いではないかと非難してもあまり意味がないのと同じです。

セクハラ表現の変化

ポリコレ棒だと思われるもの、つまり外側から無理に持ち込まれたように見える倫理基準は、実は初めは違和感があったとしても、社会が発展する中で自然に人々の心の中に定着していくことが少なくありません。

セクシャル・ハラスメントはその一つです。

例えば、柴門ふみさんのマンガ『女ともだち』を例に挙げてみます。

『女ともだち』は1982年から1988年まで「別冊漫画アクション」に連載された短編集です。柴門さんが1994年の双葉文庫版あとがきで次のように述べています。

「女ともだち」のシリーズを開始したのは一九八二年、今から十年以上昔のことです。当時の女性をとり囲む状況は今よりずっと悪かったように思います。職業選択の幅も狭く、(男女雇用機会均等法も実施されていなかった)社会に参加しようにも多くの困難を抱えていました。

だから、当時青年コミックを読むおとなの男性の多くの女性に対する認識は、〈妻か、水商売の女か〉ぐらいの認識しかできていないのではないか、という疑念が私に生じたのでした。[4]

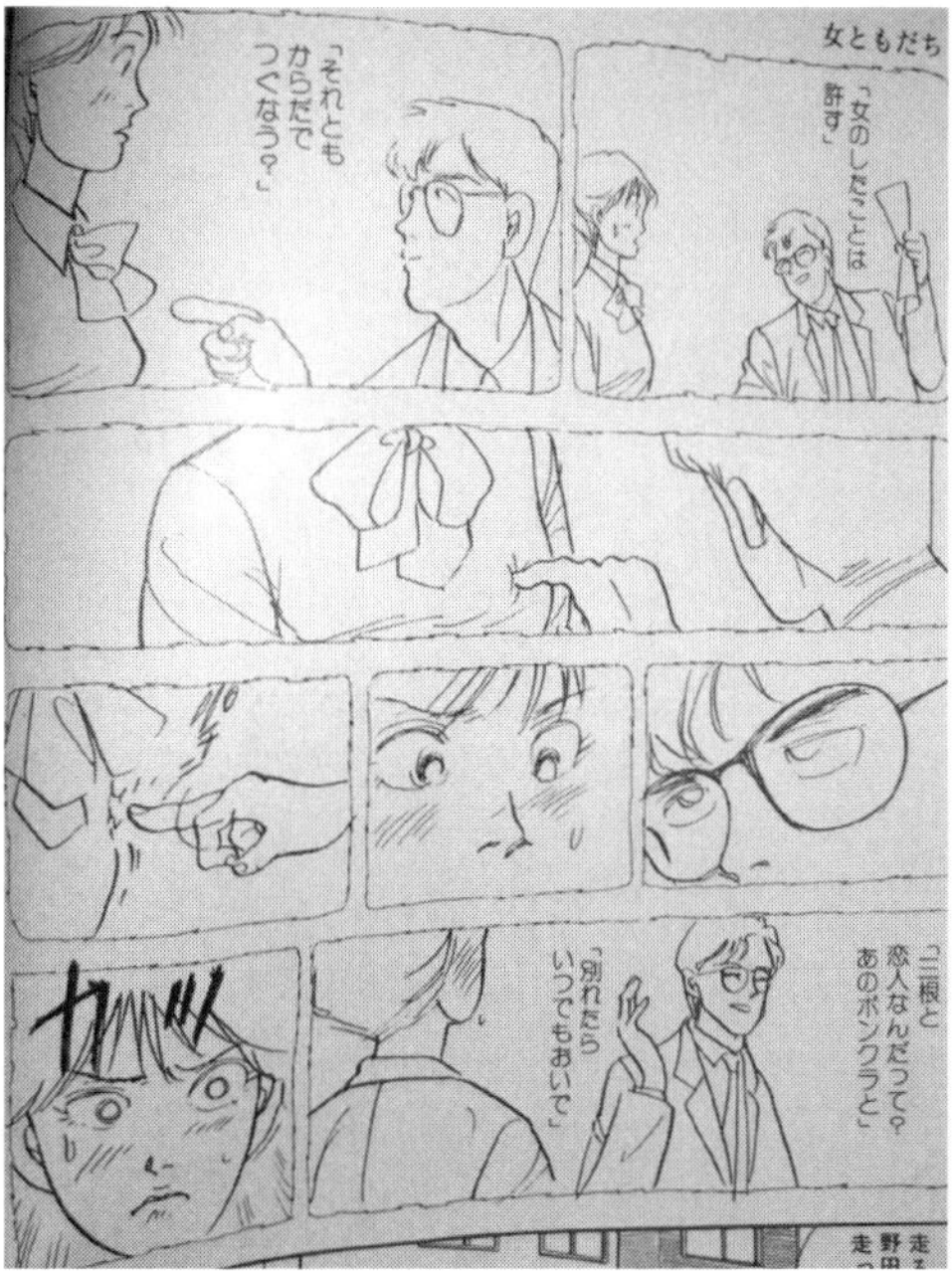

写真：「夢のつづき」／柴門ふみ『女ともだち』5巻、双葉文庫、14頁

一読、その息苦しさに唖然とします。

まずこのマンガを素直な「昭和史の記録（？）」（柴門）として読んでみます。あたかも当時の空気と倫理と感性を冷凍保存したかのような見事な「記録」になっているのです、これが。もちろん、それはこの作品集の瑕疵ではなく、逆に時代をなんと見事に剔出しているのだろうと唸らされる要素な

4 柴門ふみ『女ともだち』5巻、双葉文庫、249頁

のです。

前頁の**写真**は女性社員のミスを「有能な」係長がとがめるシーンです。係長の「カッコよさ」、去り際の「さわやかさ」をよくごらんください。この係長の行為は、当時としてもすでにかなり緊張感のある「コミュニケーション」ではありましたが、全体として「ギリギリ」のところで「戯れて」いる「粋な・クールな」仕草として描かれています。

もちろん、そんなものを描いている柴門ふみはけしからんという話では毫もなく、この時代の空気が見事な缶詰になっているということが言いたいのです。

他にも、女性に当然のように命じられるお茶汲み、「なんで結婚しないの？」という平然とした質問、エレベーターで後ろからブラジャーを外す「悪ふざけ」、「飯は？」と当然のように命じる夫、課の女性について「やりやり女」「誰とでもやる」と平気で評価する課長……。

もちろんこうした行為が社会から一掃されたわけではありません。

しかし、部下の乳首を指で弾くような行為が、緊張感のある、粋な「コミュニケーション」と表現される時代はもう過去のものとなったのではないでしょうか。[5]

それは社会の進歩であり、現実の社会の職場と人々の規範が変わったからに他なりません。作者ももうそんな表現を用いないし、受け手の読者の側もそんな表現を受け入れなくなった――つまり人々の心の中に「ポリコレ棒」が実装されたのです。

結局問題はこのように解決されるしかありません。

奴隷が当たり前だった。女性に参政権がないことが当たり前だった。子どもを殴ることが当たり前だった。1日12時間働かせることが当たり前だった。喫煙や飲酒が当たり前だった――こうしたものが初めて批判されたとき、その批判はいかにも外側から持ち込まれた批判でした。つまり、最初はポリコレ棒としてその批判は映ったわけです。

奴隷制も昔は「当たり前」だった

奴隷制だって、一挙に人々の心の中にそれが悪だと考えられるようになったわけではありません。

5 虚構上でも現在も一掃されてはいない。例えば石塚真一『BLUE GIANT』(小学館)はジャズプレイヤーを描いたマンガだが、1巻（2013年）には高校生だった男性主人公が「コミュニケーション」として女子の胸をさわるシーンが「ユーモラス」なものとして描かれている。

奴隷自身はすでに古代から存在し、15～18世紀にアフリカからの奴隷狩りは全盛を迎えます。19世紀になって奴隷制廃止論が高まるものの、しかしまだ人々は奴隷制に固執します。

あるアメリカの軍人は1856年に次のように述べています。

黒人は、道徳的、肉体的および社会的にアフリカよりもここの方が計り知れないほど良い暮らしをしている。彼らが経験している苦痛を伴う規律は人種としてさらに教導するために必要であり、より良い状態に進むための準備だと私は信じる。[6]

社会が奴隷制をめぐってせめぎ合いをしている時代には、奴隷制を批判することはポリコレ棒——外側から持ち込まれた批判のように映ったことでしょう。

6 ロバート・E・リーからフランクリン・ピアース大統領への手紙（1856年12月27日）
https://civilwarhome.com/leepierce.htm

コラム2

表現の規制に必要な条件は

――志田陽子教授に聞く

志田陽子・武蔵野美術大学教授（憲法学・芸術法）に表現規制への考え方、その際にどのような手立てが必要なのかをうかがいました。

規制には明確な目的が必要

――性表現などを規制することについての考えをお聞かせください。

憲法で保障された自由を規制するときには、規制によって何を達成したいのか目的が必ずあるはずです。例えば、飲食店には営業の自由があり、お客さんの健康と衛生を守るという目的に合う規制しかできません。「テーブルを木目にしろ」などは目的と外れた意味のない規制になってしまい、憲法違反です。営業の自由でさえそうですから、表現の自由についてはなおさらです。

例えば「不快感の除去」を規制の目的にしてしまうと、どんな表現でも誰かを不快にしてしまう可能性があるので、あらゆる表現が成立しなくなります。表現を規制するには「やむにやまれぬ目的」が必要なのです。それは「他の人の権利を守る」、または「みんなの権利を成立させている基盤を守る」ということに集約されます。

ヘイトスピーチなどの差別表現、そして性表現への規制は、その規制によって、誰からの権利侵害に対して誰を守るのかということが言えなければならないはずです。

ところが、性表現規制についてはそこが明確ではないものがあります。

まず、「わいせつ」表現への規制についてですが、最高裁の判決では「最小限度の性道徳の維持」のために「わいせつ」表現を規制できると言っているのですが、その「最小限度の性道徳の維持」はなんのために必要かっていう目的が明らかではないですよね。

他方で、女性の人権を侵害するような差別表現としての性表現があるとすれば、むしろそちらのほうが規制する目的はある、と言えます。

防ぐべき具体的な被害を特定する

――マンガやアニメの性表現が「女性を性的対象という風潮を広げる」「女性一般の人権を傷つけている」という意見をどう思いますか。その理由で規制するとしたら、広く規制をかけすぎることになるとも言われますが。

原則論としては防止しようとする被害が具体的に特定できない事柄については規制できないだろうと思います。私も「いい風潮になってほしい」と痛感していますが、それを法で強制できるかというと無理だろうと思います。憲法19条で「内心の自由」っていうのはあって、たとえよこしまな目で人を見ていようと、それってほっとくしかないんですよ。憲法が許す規制というのは、それが本当に他人の人権の被害に結びついていくところをせき止めようということなので。

ある人が他の人をどういう関心を持って見るかというのは本当に内心の問題なので法でいじりようがないというのが私の考えです。それが内心から外側に出てしまって、それによって他人を害したときに規制の対象になります。例えばハラスメントがそうですよね。心の中だけにとどめずに、望んでいない相手に、ストレスになるような性的な誘いや言葉を繰り返すと、された人は仕事にならない、職場に来るのもつらいといった具体的な被害をもたらします。そういう相手に害を与えているっていうことが確認できたときに初めてその行為が制限を受けるわけです。

もちろん「こういう視線で見られるのは私はいやだ」とどんどん主張するのはいいし、それは自由です。でもそれを進めて「法で規制すべきだ」というところまで権力性を持つことが憲法から見て正当化されるのかというと、視点の善悪だけでそれは正当化できません。何か現実的な害悪を生み出しているという立法事実が要ると思います。立法事実が本当にあるというのであれば、「規制もやむなし」となります。

例えば日本の話ではないのですが、旧ユーゴスラビアが分裂していったとき「民族浄化のためのレイプ」が組織的に行われていたことが報告されています。紛争の相手方の民族の女性を戦術的にレイプするわけです。そういうときに、相手方の民族の女性を「やっちまおうぜ」「虐待せよ」という表現物はレイプを勢いづかせるもの、興奮剤として使われるわけで、そういう環境の中では「その表現は止めるべき」という現実的で切迫した必要があるので、規制は本当に「あり」だと思います。ヨーロッパはそういう経験をしてきているので、ヘイトスピーチ型というか、攻撃を扇動するタイプの性表現というのは、規制しなければいけないという話がリアリティを持っているんです。

こうした立法事実が認められるならその規制は憲法違反とはならないと思います。防ごうとしているものがはっきりあるので。

しかし、いま日本にそれがあるのかというと……。私にはまだ社会実態への知識が不足しているかもしれません。悪質な被害が、個人への侵害の救済（であればヘイトスピーチ規制法を作らなくても、これまでの法律〔ヘイトスピーチ解消法や刑法など〕で対処可能です）ではカバーできない、社会的伝染を防がなくてはならない切迫した事情としてどのくらい日常化しているのか、それが立法事実と言えるほど「ある」と言えるかどうか……。「ある」と言える場合には、規制もやむなし、となるはずです。

――セクハラの背景に、女性を「二級労働力」とみなす差別構造とともに、女性を性的な対象として見る風潮の蔓延があるという指摘もありますが。

私の本（志田『「表現の自由」の明日へ』）の中で国連女性差別撤廃委員会の見解を取り上げました。架空表現であったとしても女性差別の風潮を助長する、つまり社会全体の規範意識を下げてしまう、ということがイギリスでは言われてきており、国連の委員会もそういう論理構成をとって〝日本でもそこに配慮して規制をもう少し考えてほしい〟といってきているんですよね。

しかしこれがまさに私が問いたい立法事実という問題なんです。「そういう表現が出回ると規範意識が緩んで被害が起きやすくなってしまっている」という主張には、確かに説得力があります。女性として私はその主張に魅力を感じて「社会みんなで共有していこうよ」って言えるんですが、法律家として見ると、それを理由に表現規制ができるのか、もう一段ハードルが違ってきます。表現の自由は特別に重要な権利だ、というハードルですね。

表現規制は最後の手段

――同じロジックで他の問題もやりだすと規制だらけになりますよね。

そうした表現が「規範意識を下げてしまう」という可能性はあるだろうと思うんです。そして、ありとあらゆるものがそうした引き金になりえます。しかも事実的立証はとても難しい。なので、この理由は本来は法規制になじみにくいと考えます。

そこで私が言えるのは立法事実ということです。つまり「今の日本の社会の中では明らかに規範意識が低下し、それが被害に結びついている。その根拠がこれだけあるんだ」と言える社会実態が示されれば、その規制は憲法違反ではなくなっていくと思うんです。

そして、対処の必要性が切実にある、と確認できたとき、今度は対処のあり方、手段が問題となります。

ヘイトスピーチを例にとってみます。ヘイトスピーチの規制が目的としていることとは差別や不当なバッシングを止めること、その被害を防ぐことですよね。その被害を防ぐのに表現規制以外のいろんな手段を試してみて、でもダメだった。もはや表現規制しかない、となれば表現規制もやむなしということになるのですが、この目的を達するためにやるべきことは表現規制以外にたくさんあります。これを試したけどダメだった、対応レベル1、対応レベル2……というふうに対策の段階を上げていくわけです。

例えばいま、「嫌韓」と言われる世論状態の中で在日朝鮮人・韓国人の方々はものすごく不安な状態におかれています。不快感というレベルを超えて、人格権侵害と言えるような相当ひどい嫌がらせも受けています。それに対して、政府からの「そんな嫌がらせはやめよう」という呼びかけとか、迷惑防止条例に基づいて警察がちゃんと動くとか、そういうことを一つひとつ実行していく。

また、そういう嫌がらせをする人たちに自分たちがヘイトをしていることを言論で批判し、注意を促す。そうしたことで止まるものは、それ以上の表現規制は必要ないわけです。しかし、そうした対処では目的に行きつかない場合があります。ヘイトスピーチはまさにそれなので、表現規制もやむなしとなるわけです。気づいたらやめるのかというとやめない。もともとヘイトスピーチをしている人たちは、嫌がらせが目的だから、在日の人たちがつらがっている、傷ついているとなればよけい勢いづくわけです。

お金と手間のかかる取り組みこそ、国がやるべき

一般の差別表現というのはそうではありません。「それ、差別表現です」って注意をすれば、「ああそうか。気がつかなかった。ごめんね」でやめるわけですよ。その場合には法規制までは必要ないわけで、気づかせる言論が有効なんです。だから「言論（思想）の自由市場」が成立するんですが、相手を傷つけることを目的としている人たちの場合、気づきによって止まることはない。そうなると必要となる対処の段階が上がるわけですよね。

そこで、次の段階として、処罰法よりも対処レベルの低いものとして、ヘイトスピーチ解消法のように「国はヘイトスピーチを是認してませんよ」と宣言する。しかし、これでも止まらない。となると、次の段階が必要だねというふうになってい

く……そういうプロセスを一つひとつ踏んで、「表現規制もやむなし」となれば、表現規制も憲法違反とはならない、と私は思っています。

児童虐待とか女性差別も基本的に同じで、表現規制以外に福祉施策などやることはすごくたくさんあるのに、やるべきことをやっていなくて表現の問題へ持っていくのは安易だなと思うんですよね。こうした表現規制以外の取り組みはお金と手間がかかるのは確かです。しかし、お金と手間のかかる取り組みこそ、国がやるべき「血の通った政策」なんですよ。そこをすっ飛ばして表現規制をしようというのは、憲法から見て、ダメ出しをすべきだと思うのです。

終章

不快な表現にどう向き合うか

「あいちトリエンナーレ」と「宇崎ちゃん」ポスターの事件など見てきましたが、要するに「不快な表現（自分が不快と思う表現）とどう向き合うか」という問題です。「あいちトリエンナーレ」をめぐって「平和の少女像」を批判する人たちには「芸術と呼べないような政治プロパガンダを、税金を使う施設で展示するのは許されない」という言い分がありますし、「宇崎ちゃん」ポスターを批判する人たちには「女性の尊厳を踏みにじるような表現は許されない」という言い分があります。それらの言い分に対して反論したり批判したりする言い分もまたあるでしょう。

それらをできるかぎり自由に行うというのが、「思想の自由市場」という制度の設計であることはすでに繰り返し述べてきました。

批判による言論で克服する

ぼくたちはどうしても自分にとって不快な表現というものを消し去ろう、やめさせてしまおうという欲求に駆られます。ぼく自身は左翼ですから、例えば「女性の尊厳を侵す表現」「障害者を差別するような表現」だと批判されているような作品に出会えば、確かに「こんな表現は消えてなくなってほしい」と思うのは事実です。

しかし、侮辱や名誉毀損という形で刑法上の手立てを取れるもの以外（もちろんさらに他にもあるのですが）、一般的に「人権を侵害している」「差別をしている」というだけではその表現を消し去ってしまうことはできません。「思想の自由市場」でそれを淘汰していくという考えを壊して、あらかじめ表現を選別することになっていくからです。

「差別」や「人権侵害」と批判するだけでその表現をなくしてしまえるというのは、実は大変な社会ではないでしょうか。「その表現で傷ついている人がいるんだよ」と言われるかもしれませんが、その同じ刀は、自分が好んでいる表現にも返される恐れがあります。『「はだしのゲン」』を見るたびに胸が締めつけられて息ができない。広く見せるのをやめてもらいたい」というような意見として。

不快な表現に出会ったら、その表現がなぜダメなのかを批判することこそが「思想の自由市場」で取るべき道です。その批判は旺盛に行われるべきだとこれまでもぼくは繰り返し書いてきました。

表現ではなくまず現実を変える

特に「差別」や「人権侵害」の角度から気になる表現があった場合、それは表現を消してしまうやり方ではなくて、「まだまだ世の中には女性や障害者を踏みにじる現実が横行しているんだな」と思って、現実の女性や障害者に対する差別をなくす取り組みをすすめることでしょう。表現はその現実の反映であり、現実を変えることこそが、ぼくたちが争うべき本来のフィールドなのです。

カール・マルクスは、「宗教はアヘンである」と言ったことがあります。一見宗教を激しく攻撃したかのように思える言葉です。

しかしこの言葉の前後・全体を読んだことがありますか。

> 宗教的悲惨は現実的悲惨の表現でもあれば現実的悲惨にたいする抗議でもある。宗教は追いつめられた生きものの溜息であり、非情な世界の情であるとともに、霊なき状態の霊でもある。それは人民の阿片である。[1]

この時代、宗教批判をすることによって、なにか「ラジカルで、進歩的で、クールな」改革者気取りになれるという風潮がありました。マルクスはそれを逆に批判して、宗教にすがるというのは現実のつらさの反映なんだから、宗教を叩くんじゃなくて、現実を変えないとダメだよ、といったのです。実は宗教批判ではなくて、宗教批判の批判だったのです。

同じことが、表現についても言えるのではないでしょうか。

ぼくたちは、例えば女性差別的な表現を変えていこうと思えば、そういう表現を撤去させるのではなく（批判していくことは必要ですけど）、広く人々の心の中に女性差別的な心情をなくしていくことであり、その前提となる女性を差別するような職場や社会の現実を変えていくことが大事になります。そうやって心の中にポリコレ棒を実装させることで、ジェンダー的に見て無理のない表現を多くの人が自然にできるようになるし、無理のある表現を淘汰していく力になるのではないでしょうか。

ヘイトスピーチ解消の本道は

もうちょっと言わせてもらいましょう。

1 マルクス「ヘーゲル法哲学批判 序論」／『マルクス＝エンゲルス8巻選集 第1巻』、大月書店、1973年、10頁ぼくはいま「人権」や「差別」という点で問題があれば、法律や条例をつくって表現を規制してもよいという安易な風潮が生まれていないのか心配なのです。

本当に緊急に表現を止めなければならないほどのものは、世の中にそれほどあるわけではありません。すでに刑法上の手立てとして用意されています。

例外の一つがヘイトスピーチでしょう。

これは日本の国内法では今のところ、ヘイトスピーチとされる言論が規制されるような法律はありませんが（啓発や教育の力でなくしていくという「解消」のための法律はある）、人種差別撤廃条約は人種差別の扇動を禁じるよう定めており、やがて日本でも国内法としてももっと踏み込んだ規制が実現していく可能性は少なくありません。

ヘイトスピーチの怖さは、例えば「在日韓国人」「ユダヤ人」という「人種」としてくくられた人たちが丸ごと「二級市民」として見なされるようになって、その社会の中で「どう扱ってもよい存在」にされてしまうことです。これは単に個人が攻撃されるというだけにとどまらず、社会が壊れてしまうことを意味します。現に日本では、関東大震災の折に「人種差別の扇動」によって、「朝鮮人」と見なされた人が数千人殺害された歴史があり、決して人ごとではないのです。

日本では今でもヘイトスピーチはいたるところで起きているわけですから、その規制を考えることは決して不合理なことではありません。

　しかしその場合でも、言論の対象を厳密に定め、緊急にやむを得ない場合に限定する必要があります。すでにある刑法などの枠組みで人権が守られるように手立てを尽くすとともに、教育や啓発によって地道にその解消に取り組むことが本道です。

　ヘイトスピーチの規制法を要求している神原元弁護士も、2014年時点ですが、次のように述べています。


……ヘイト・スピーチを法で規制することは必要だが、その効果には一定の限界がある。その理由は、端的にいえば、人の心は法律で変えることができない、ということに尽きるだろう。差別「表現」を規制することができても、差別「思想」までも規制することはできず、差別「思想」は形を変えて、社会に顔を出すのである。そうであるとすると、ヘイト・スピーチを本当に撲滅しようと願うなら、規制より教育や啓発が大切であり、〔……〕ヘイト・スピーチを誘発する政治家の発言や政府の差別政策を是正することが重要である。[2]

2 神原元『ヘイト・スピーチに抗する人びと』、新日本出版社、2014年、133-134頁

多様性のある社会は不愉快な社会

表現を安易に消し去ったり規制したりするのではなく、自由な言論や表現によって切磋琢磨しながら、「思想の自由市場」の淘汰にまかせる――というのがぼくの主張です。「不快な表現」にはこのように向き合うしかありません。

表現の自由の問題でしばしば発言している山口貴士弁護士は、ツイッターで次のように述べました。

> 多様性のある社会というのは、自分とは異なる価値観で溢れている社会ということなので、不愉快な思いをすることがあるのは大前提であり、不愉快さは多様性を維持するためのコストとして受け入れるしかないことを分からない人が多すぎる。（山口貴士@otakulawyer 2018年9月10日）[3]

このツイートは1・8万もリツイートされました（2020年1月13日時点）。

これに対する反論もあります。

――多様性のある社会とは客観的に人を人として尊重し合う相互理解を前提とするとおも

う。そこに主観的に不愉快を受忍することまで含むのか？／これだと差別することも多様性の一部ということにならないか？（ほしまさ@stern10jp 同日）[4]

反論者は「これだと差別することも多様性の一部ということにならないか？」と述べています。

どちらも理がありそうに思えます。

現実の社会では、もし国家や社会が何も介入せずに自由勝手にしておいたらどうなるでしょうか。自由なはずだから多様になるような気がします。近代社会の最初はそのような想定でスタートしました。しかし、実際には、そうはなりませんでした。自由放任にしておいたら、力の強いものが弱いものを支配し、生き残れなくなって、自由や多様性が逆に失われてしまうことに気づいたからです。

だからこそ、現実社会では、資本家と比べて労働者に対して特別の保護を与えたり、経済強者に累進的な課税をしたり、独占を禁止して自由競争の環境を維持したりしています。また、差別が行われないようにさまざまな禁止や介入を法律・条例で用意しています。つまり自由を一定規制することで、多様性を維持しているのです。

3 https://twitter.com/otakulawyer/status/1039087247193071616
4 https://twitter.com/stern10jp/status/1039125258941259778

これは反論者の言うとおりです。

ところが、言論や表現の分野はそうではありません。すでに述べてきたとおりですが、言論や表現という分野は、大切である上にデリケートな弱さを抱えた分野ですから、上からあらかじめ規制をかけるのではなく、できるだけ自由にすべきであり、弱者を攻撃するような間違った言論や表現は、そうした「思想の自由市場」のなかで淘汰されていくことを求めなくてはなりません。

社会の自己治癒力を育てる

前述の志田教授は次のように述べます。

……当事者が声を上げて発言者の不見識を正したり、社会に向けて啓発することができるような場合には、規制よりもそちらの道を生かす方策がとられるべきだろう。通常の差別表現は、こちらの道をとるべきと思われる。[5]

志田教授はこのようにして、差別の不見識が正されていくことを「社会の自己治癒力」と呼んでいます。それは「思想の自由市場」の市場原理といってもいいでしょう。

社会が「自己治癒力」を発揮するには、不見識を正す粘り強い言論、地道な啓発が必要になります。仮に「人を人として尊重し合う相互理解」へと実るとしても、短時間ではなく、長い時間がかかる可能性があります。そうなるとその間、ぼくらは「不愉快な多様性」を「受忍」しなければならないのです。

「思想の自由市場」の健全さを維持し、その「市場」において「社会の自己治癒力」の発揮を待つためには、自分たちにとって「不快な表現」を当面耐え忍ぶしかなく、それは「多様性を維持するためのコストとして受け入れるしかない」のです。

ヘイトスピーチへの規制が生まれてしまうというのは、むしろこのような「社会の自己治癒力」が働かなくなった・間に合わなくなった結果であり、「思想の自由市場」という考えがその点で敗北してしまったことを意味します。「差別がなくなるのだからいいことじゃないか」と思われるかもしれませんが、権力があらかじめ「思想の自由市場」に介入するルートを増やしていくことになり、「思想の自由市場」の考えが壊れ、いつ自分たちに刃を向ける規制に変わるかもわからないリスクを抱えることになります。

表現について「差別をなくす規制」「人権を守る規制」を安易に求めるのではなく、「社

5 志田陽子『「表現の自由」の明日へ』、大月書店、2018年、141頁

会の自己治癒力」が発揮できる「思想の自由市場」を守ることに力を尽くすべきでしょう。様々な口実を設けての表現の規制は、支配層や右派が求めてきたし、今も求めているものだと思いますが、昨今リベラルや左翼を自認する人たちの中にも「人権」を看板にした規制の主張が見受けられるようになり、左翼の一人として非常に気になるところです。

他方で、リベラルや左翼が嫌いな人たちに見られる傾向だと思うのですが、「思想の自由市場」はなんでも投入してよいとばかりに差別や人権に無頓着な「自由謳歌」を続け、それへの批判さえ「表現規制（弾圧）」だと言って封じてしまうようなことがあれば、これまた「社会の自己治癒力」が発揮できなくなったとして規制を呼び込んでしまう危険性を十分に考えるべきです。

つまり、どういう立場の人たちであっても、表現そのものにまず触れてみる機会を奪わないようにすること、そして、「思想の自由市場」を守る方向で一致し、その中で差別や人権の侵害をなくしていくという「社会の自己治癒力」の発揮に努力すべきだということなのです。

あとがき

こんなポルノの表現まで守るのか

今ここに東山翔さんの『Ｉｍｐｌｉｃｉｔｙ』（茜新社）というマンガがあります。

未来都市を描いたＳＦですが、少女（生身の人間もしくは人造人間）が男性たちによってだまされ、暴力を受け、レイプされるシーンがこれでもかというほど連続します。

小学6年生の娘を持つ親でもあり、小学校のＰＴＡ委員（成人教育副委員長）も務めたことがあるぼくですが、そのような「親」であり「市民（公民）」であるぼくとは別に、この作品を愛好してやまないぼくがいます。

以前、似たような作品としてクジラックスというマンガ家の『ろりともだち』をぼくは自分の本[1]で紹介したことがあります。『ろりともだち』では少女たちを次々襲う二人の青年の「心情」が描かれることによって、読者はそのみじめな境遇に「共感」をすることができたのですが、『Ｉｍｐｌｉｃｉｔｙ』ではそうした「心情」描写はむしろ排除され、少女を犯す側の卑劣さ・身勝手さだけが浮かび上がるようになっています。

自分よりも弱い存在に対して仮借ない徹底した攻撃によって相手を支配しようとする欲望に、なんの安全装置もかけずに描き切ろうとしているのです。

読むぼくらは、自分の中にある激しい攻撃性と支配欲を自覚させられながら、堅牢に構築された世界観と精密なグラフィックの中で、その反社会的な意識に陶然と身を委ねてしまいます。まさにポルノです。

この本は一種のゾーニング規制を受けているのですが、そもそもこんな作品の存在自体を許しておく必要があるのか⁉　と思われる人も少なくないでしょう。現実に性被害に遭った少女やその保護者がこの作品を見たらどんな気持ちになるかわかりますか、という声が聞こえてきそうです。

常識的に考えると、こうした反社会的ともいえる作品を「保護」することにはいかなる意義も認められず、そんな作品は直ちに禁止されてしかるべきように思われます。

確かに、それが「常識的」な考えです。

1　拙著『マンガの「超」リアリズム』、花伝社、2018年

表現の自由のわかりにくさは、このような作品までその存在を許されなければならないというところにあります。

表現の自由はなぜ大切か

封建制度のもとでの王様や貴族の圧政に対して、市民階級が自由に活動できるように主張し始めたのが近代的な人権や自由の始まりでした。

王様のひどい政治によっていろんな人権が踏みにじられたとしても、そもそもそれを変える手立てがなければ人権は踏みにじられっぱなしです。ひどい政治を告発したり批判したりする自由がなければ、そうした政治は変えられません。だから表現の自由は他の人権と比べてもとても大事なもので、憲法学者も「第一の自由」「すべての自由一般の基礎[2]」だとしています。それだけに、権力者が「これは表現していいもの・ダメなもの」と決めるのは許されず、「思想の自由市場」の中に投げ込んでそれぞれの人に判断してもらうしかけになっています。

しかし、じゃあ逆に「政治的じゃないもの」「価値が低いもの」は公権力があらかじめ排除しても、あまり大したことはないのでしょうか。

何が政治的で何が政治的でないかということは「あいトリ」の例を見てもわかる通り、権力者が勝手に判断してはなりません。だからこそ、「政治的」と思われるものに限らず、あらゆる表現の自由が憲法でも保障されているのでしょう。

さらに、こうも言えます。

仮に、表現の自由がもともとこうした政治的な言論や表現の自由として生まれたのだとしても、表現の自由は「政治的なもの」「価値が高いもの」という意味合いとは別に、「その人としてどうしても表現せざるを得なかったもの」として考えられるようになりました。つまりどんなに社会から見て「くだらない」と思えるものでも、個人の人格を支えるもの、息をするように大事なものとして表現が考えられるようになったのです。

生きるために表現をする

ヘンリー・ダーガーという「画家」がいます。

2 R. Downs (ed.), The First Freedom (1960) ／芦部信喜『憲法学Ⅲ 増補版』、有斐閣、１９９８年、２３９頁

彼は雑役夫として一生を終えましたが、1万5000ページもの膨大な「作品」が遺されていました。そこには聖なる奴隷少女たちと奴隷主との架空の戦争が長い絵物語となって描かれており、ダーガーは誰にもそれを見せずに描き続けてきました。今ダーガーの絵は何十万ドルという高値がつけられていますが、のちにそのような価値がついたということもさることながら、ダーガーは半世紀もの間そうした絵を描き続けたわけで、彼にとってはそういう少女たちを描くことはまさに生きるために必要なことだったわけです。しかもその少女の一部は裸で、ペニスが付いていたのです。また、暴力によって虐殺され、内臓や肋骨が飛び出ている少女たちの描写もたくさんありました。[3] それは社会的啓発などのためではなく、自己のペドファイル的な欲求のために描かれたものでした。

「おちんちんのついた裸の女の子を何百枚も描くなんて……なんて下品でくだらないんだ！」「女の子の内臓や血が……少女への暴力を楽しんでいるのか」といって、その絵を丸めて燃やしてしまったら、それはまさにダーガーの人格を奪うことになってしまったのではないでしょうか。

ルネサンス時代の芸術も、宗教の権威が強大な時代に「個人」というものを前面に出そうという欲求によって成り立ったものでした。したがって当時は「異常」な表現であったわけです。[4]

現代の「エロマンガ」だって同じように、のちにどう評価され、また、今現在、表現者個人の人格をどう支えているかは、あらかじめわからないし、公権力がそれを決めてはいけないのです。

つまり、表現の自由は社会を支え、また個人の尊厳を支える非常に大切なものであり、同時にそれがどんなにくだらないと思えるものであっても、自由に流通することが保障されているのです。

3 斎藤環『戦闘美少女の精神分析』、太田出版、2000年

4「表現の自由は、歴史的にみると、近代における個人主義および民主主義の発展と密接に結び付いて確立してきた。中世末期のルネサンスや宗教改革運動の展開のなかで生み出された『個人の人間としての自覚』は、その自覚を単に内心の事柄としてのみとどめるのではなく、外部に対して表現しようという欲求をも促した。また、表現活動は、異端を排除しようとする宗教的権威や、王権の絶対性を貫徹しようとする絶対主義君主に対抗するための、有力な武器でもあった。」（浜田純一／日本大百科全書「表現の自由」項、小学館）

表現が奪われるのは戦争への道

ぼく自身は左翼の一人として、「あいトリ」事件のような公権力による表現の中止や圧力には機敏にたたかえます。他方で、「女性の人権を侵害するような表現は規制すべきではないか」という意見に出会うと、「確かにそうかもしれない」と思う自分がいて、「あいトリ」事件のようにスッキリした対応ができません。

しかし、そうした問題を考える上でも、やはり改めて、表現の自由の大切さについても知ってほしいという思いで、以上のような「あとがき」を書いてみました。

最後に、その自由が侵されることについて、ちばてつやさんの言葉を紹介して結びとします。

実在しないはずのマンガ上の青少年がセックスする表現について、かつて東京都が青少年健全育成条例を改定して規制しようとしたことに対し、ちばさんらは反対運動を起こし、次のように述べました。

こういう、一見、子供たちの育成を守る目的のように作られた法律がいつの間にか、じわじわと言論や報道の自由を奪い、芸術、思想などの表現の弾圧にもつながっていくので、それがとても怖いんだ。かつて日本が戦争に巻込まれていった時代に、どうしても重なってしまうんだよ。[5]

5 https://ameblo.jp/chibatetsu/entry-10482607915.html（改行変更は引用者）

紙屋高雪 かみや・こうせつ
1970年愛知県生まれ。ブロガー。マンガ評・書評サイト「紙屋研究所」の管理人。
著作に『マンガの「超」リアリズム』(花伝社)、『"町内会"は義務ですか？』(小学館新書)、『どこまでやるか、町内会』(ポプラ新書)など。
https://kamiyakenkyujo.hatenablog.com/

不快な表現をやめさせたい!?
こわれゆく「思想の自由市場」

2020年 4月20日 初版第1刷発行

著 者 紙屋高雪
発行者 竹村正治
発行所 株式会社 かもがわ出版
〒602-8119 京都市上京区堀川通出水西入
TEL 075-432-2868 FAX 075-432-2869
振替 01010-5-12436
印刷所 シナノ書籍印刷株式会社

ISBN 978-4-7803-1084-9 C0036